智慧爸爸的聊天魔法

［日］清水克彦 著

冯博 译

中国纺织出版社有限公司

原文书名：頭のいい子のパパが「話していること」
原著者名：清水克彦
ATAMA NO IIKO NO PAPA GA "HANASHITEIRU KOTO"
Copyright © 2008 by Katsuhiko SHIMIZU
All rights reserved.
First original Japanese edition published by PHP Institute, Inc., Japan.
Chinese translation rights arranged with PHP Institute, Inc., Japan.
through CREEK & RIVER CO.,LTD. and CREEK & RIVER SHANGHAI CO., Ltd.
本书中文简体版经日本 PHP 研究所授权，由中国纺织出版社有限公司独家出版发行。
本书内容未经出版者书面许可，不得以任何方式或任何手段复制、转载或刊登。

著作权合同登记号：图字：01-2021-7204

图书在版编目（CIP）数据

智慧爸爸的聊天魔法 /（日）清水克彦著；冯博译
－－北京：中国纺织出版社有限公司，2022.2
ISBN 978-7-5180-9015-0

Ⅰ．①智⋯　Ⅱ．①清⋯　②冯⋯　Ⅲ．①家庭教育
Ⅳ．① G78

中国版本图书馆 CIP 数据核字（2021）第 209726 号

责任编辑：李凤琴　　责任校对：高　涵　　责任印制：储志伟

中国纺织出版社有限公司出版发行
地址：北京市朝阳区百子湾东里 A407 号楼　邮政编码：100124
销售电话：010－67004422　传真：010－87155801
http://www.c-textilep.com
官方微博 http://weibo.com/211988771
天津千鹤文化传播有限公司印刷　各地新华书店经销
2022 年 2 月第 1 版第 1 次印刷
开本：787×1092　1/32　印张：7
字数：145 千字　定价：49.80 元

凡购本书，如有缺页、倒页、脱页，由本社图书营销中心调换

推荐序
爸爸的有效沟通，影响孩子的未来

正在阅读本书的朋友，一定和我一样，曾有过这样的感受：关于家庭教育，学习了很多，在真正实践时，往往又无所适从。

而遇见清水克彦这本书，我忍不住在自己的朋友圈写下：

这是我读过的最好的家庭教育著作，甚至没有之一。

之所以这样说，因为这本书并不高深，但似乎又触及了家庭教育的全部。用贴近实际和读者的实证式表达，就成了本书最大的特点。

请允许我从实证表达说起。

最近读了不少日本学者的著作，最大的感受就是日本学者很重视实证精神。他们不会没有根据地去推测、由点到面地去提炼，而是在充分调查研究的基础上进行分析总结，从而用事实说话，用数据说话。例如，中室牧子的《学力经济学》，以数据为依据，用经济学的手法来分析教育的教育经济学在成功地教育和培养子女方面所得到的清晰发现，比大多数教育评论家、育儿专家基于个人经验的主观意见要有价值得多。

这本书就是在作者观察和调查了很多优秀孩子成长的家

庭背景之后的结论性产物。它是可信的。

说本书贴近实际和读者,是我最强烈的感受之一。

一直以为,"家庭教育"这四个字,核心不是"教育",而是"家庭"。家庭好了,即使不教育,孩子也将是优秀的自己。诚然,"家庭"的核心就是"关系"。所以,家庭成员之间的关系,就应该是家庭教育的全部要义所在。"关系"的构建关键,自然就是"沟通"。于亲子关系构建而言,首先有两个问题是必须要思考的:

怎样让孩子开口?

怎样让孩子畅所欲言?

各位一定有非常深刻的感受:和孩子沟通的关键不是如何沟通的问题,而是能不能沟通的问题。所以,"怎样让孩子开口"才是第一步。清水克彦先生,就是从这一步开始和我们进行交流的。例如,"'今天我请客',父子一起下馆子",您看,难吗?不难!只是,一个"忙"字,让我们忽略了而已。整个这本书,作者所提供的方法没有多少是涉及到能力问题,而是意识问题。这就是我欣赏本书最关键的原因之一。

当然,沟通的效度和沟通的畅通度有极大的关系。倘若亲子之间能畅所欲言,那么孩子的心灵是舒展的心灵,父亲的信息接收是全面的接收。"舒展"和"全面"的前提自然是亲子关系的和谐,严格来说应该是父亲抓住了孩子的心。对,本书第二章作者给我们提供的就是"抓心"的方法。是的,方法,不是艺术,因为这些方法太朴素了。

有些问题,我们是不能回避的。例如,每一个做了父亲的人都渴望自己的孩子学业优异。教育的方法可以佛系,但生活的现实不会对你佛系。学业成绩，是谁家孩子都绕不开的现实，尤其是咱们东亚地区的国家，中日韩最为明显。所以，在让孩子开口和抓住了孩子的心之后，清水克彦先生首先直面的问题就是如何提高孩子的学业成绩问题。如果抛开本书直接问某位朋友，如何提升孩子的学业成绩，不少朋友会说到：陪伴。当然，也会有直接教和补习班等。如果有一种方法叫谈话，且不需要大量时间的谈话，您会不会特别渴望知道如何做？肯定会，所以我读了清水克彦的12种方法之后，会有豁然开朗的感觉。

不算功利，关于学业成绩，清水克彦直面现实而已。

如果说通过谈话让孩子学业优秀是家长的"扶"的话，那么，让一个孩子拥有可持续发展的能力，才是家长真正的放手。放手，才是对孩子的真正负责，才是让孩子最大化地成为他自己的重要保障。所以，孩子自信力的培育，就显得十分重要。有了自信，就有了生命自尊；有了生命自尊，就有了向上的内驱力。有了内驱力的生长，才是自我独立生命的存在在。第四章，您去实践，您的孩子将会获得自信。当然，我更喜欢清水克彦的提法——绝对会给孩子带来自信的谈话技巧。

每个人都希望自己的孩子幸福。那么，怎样才能让孩子获得真正的幸福？或许每个人都有自己的答案。但我想有必要把路德维希·凡·贝多芬（Ludwig van Beethoven）的话分享给大家：

把"德性"教给你们的孩子：使人幸福的是德性而非金钱。这是我的经验之谈。在患难中支持我的是道德，使我不曾自杀的，除了艺术以外也是道德。

　　本书最后一章，关乎培养孩子高尚品格的 12 个技巧，咱们都有阅读的必要。但愿我们的孩子都能获得真正的幸福。

　　爱默生在《我的信仰》中说：

　　我们长期以来的想法和感受，有一天将会被某个陌生人一语道破。

　　读过很多关于家庭教育的书，也考了高级家庭教育指导师。对于家庭教育，对于如何做父亲，学得越多，似乎也迷茫。遇见清水克彦，他就做了爱默生笔下的"某个陌生人"。

　　我的絮语，权作小序推荐给朋友们。

梅洪建

2021 年 12 月于北京云亭教育研究院

自序
再忙也不要做影子爸爸

在孩子成长的过程中，爸爸这一角色非常重要。爸爸的恰当陪伴和关心，可以促使孩子取得好成绩，身心健康发展，并有自己的主见和创新思维。

每年，我在观看那些考上有名中学的孩子们的家庭采访时，都深刻地感受到了这样一件事——父亲平时所说的一句话，使得孩子的学习成绩有了十分大的改观。

虽然同样是"考上了有名的中学"，但是，实际观看采访后可以发现，原来家家都有一本难念的经。

有的孩子到了小学高年级之后学习成绩突飞猛进，考上了几年前想都不敢想的高门槛学校；有的孩子在小学低年级时名列前茅，学校的老师甚至已经打了包票说"以这孩子的学习成绩，想考哪所学校自己随便选"。然而事与愿违，到了小学高年级之后成绩开始下滑，最后好不容易考上的学校与自己的志愿学校相差甚远。

当然，导致孩子的成绩突飞猛进，或者毫无长进的原因肯定是多种多样的。

通常来说，影响孩子学习成绩的原因有很多。主要有：和学校老师或同学的人际关系问题；在读小学所教的课堂内容；孩子自身的性格；当然还有和在家庭教育中占巨大比重母亲的关系等。

可是，比起上述这些因素，从类似"孩子的学习成绩提升了""考上了预期之上的好学校"这种家庭中，经常可以听到以下一些声音。

"父亲十分擅长为孩子加油打气，在最艰难的时刻和孩子共渡难关。"

"父亲说的话，使孩子有了奋斗的目标，给了孩子很大的鼓舞。"

"因为学习成绩毫无长进，所以导致母子关系一落千丈，多亏了和父亲的多次谈心打开了孩子的心结。"

正在阅读这本书的你可能会觉得"我们家的孩子又没到参加中学考试的年龄"。即便如此，希望你也不要有"这些考上名校家庭的采访跟我们家有什么关系"这种想法。

如今的中学考试，考的不仅仅是孩子们的读写计算能力和知识储备，还要求孩子们能够理解、掌握时事，并且能够使用自己的语言来发表意见，考验的是孩子们的思考能力和表现能力。

因此，越是一些公立或私立的高门槛学校，他们所出的考试题目就是那种，仅靠在学校的应试教育中无法培养出来的，考验孩子们综合能力的试题。现状，他们就是用这种方法来筛选期望入学的考生们。

所以我认为，只要你有孩子，不管孩子是否要参加中学考试,那些来自能够让自己的孩子成功跨过那道考试的门槛、考上心仪学校家庭的声音,还是有必要听一听的。

其中,特别具有参考价值的,就是我刚才所提到的父子之间的交流问题。据科学调查显示,现代社会父子间接触时间有着逐渐减少的趋势。

接下来请大家参照日本内阁府的调查结果。

日本内阁府"关于低龄少年的生活和意识的调查"(2006年的调查结果)

▲工作日里父亲与孩子的接触时间

· 基本上没有　　23.3%(2000年的调查结果为14.1%)
· 15分钟左右　　14.7%(同上16.6%)
· 30分钟左右　　21.9%(同上30.3%)
· 1小时左右　　 24.1%(同上21.4%)
· 2小时左右　　 9.7%(同上9.1%)
· 3小时左右　　 5.4%(同上8.3%)

根据上述调查可以发现,如今的日本社会中,平均每四位父亲里就有一位父亲,在工作日中与孩子基本没有任何接触。而且,该比例与6年前的调查相比增加了近10%。

我本人就在素来以工作任务繁重而出名的电视台工作,因此我十分理解那些平时工作繁忙的父亲们。

特别是在当今的日本社会里,对于那些在由以往的年功序列制度改为成果主义的企业,以及面临裁员的企业或在因为稠密一代的离职而导致正式员工大幅减少的企业工作的父亲们来说,提升自己的工作业绩、完成更多的工作量已经成为不得不面对的首要课题。并没有多余的精力留给自己来和孩子们做过多的交流。

这样的情况所导致的直接结果就是，平时基本不和家长交流的孩子们，学习成绩上不去。

其实，日本文部科学省在2007年实施的全国学历调查也明显地反映了这一事实：平时家长与孩子之间有交流的家庭和无交流的家庭，孩子们的学习成绩有明显差距。

文部科学省"全国学历调查"（以日本全国的小学六年级学生为对象实施）

▲"请问你平时会和家里人谈论学校发生的事情吗"

·回答"会"的孩子们的答题正确率

算术A　83.7%　　算术B　65.7%

语文A　83.9%　　语文B　66.0%

·回答"完全不会"的孩子们的答题正确率

算术A　75.3%　　算术B　54.3%

语文A　74.4%　　语文B　50.0%

注意：A为基础问题，B为应用问题

虽然说这个调查并不仅限于父子之间的对话，但是至少能够说明平时亲子之间有对话的家庭的孩子，比没有对话的家庭的孩子的答题正确率要高。特别是其中算术B和语文B的应用问题，更是清楚地反映出了二者之间的差距。

可想而知亲子之间的对话有多么重要。甚至可以这样说：如果一个家庭里，家长能够努力创造积极与孩子对话的家庭环境，那么那个家庭的孩子会变得更加聪明。而不用说，父亲则起着非常重要的作用。

那么，接下来让我们一起进入正题。

与孩子对话的重要性，尤其是父子间的交流中，最重要的就是对话的内容。

特别是平日里忙得焦头烂额的父亲，好不容易创造出与孩子对话的时间之后，到底应该要说些什么才好呢？

此外，在相对与孩子相处时间较多的节假日里，与孩子说些什么话，孩子的学习成绩才能够提高呢？做个好爸爸很难吗？

成为好爸爸并不难，本书中，我将收集的那些孩子考上名校的家庭和大量从事教育人员的采访整理成册，将会详细讲解以下5方面的事项：

1. 确保与孩子对话时间的方法；
2. 工作日里与孩子的短时间接触方法；
3. 夸奖、批评孩子的方法；
4. 让孩子保持学习兴趣的方法；
5. 让孩子变得有耐心的方法。

我之前出版的作品《聪明孩子爸爸的习惯》（PHP文库），受到了广大家长的一致好评，甚至出乎意料地一举登上了畅销书的榜单。在此，我衷心希望本书能够再次对那些希望自己孩子能够更进步的家长们有所帮助，从今天开始就能够亲自实践。

我们的一生，为人父母的机会就那么一次，尽量做好吧，这将是为之骄傲一生的成就。

清水克彦

目　　录
CONTENTS

第一章
让孩子敞开心扉的聊天魔法

　　你今天在食堂吃了什么 / 002
　　爸爸下班早点回家 / 006
　　我有一个坚实的盟友 / 010
　　将工作的事说给孩子听吧 / 013
　　爸爸能够理解我 / 016
　　看起来很有趣啊 / 019
　　今天招呼打得不错哦 / 022
　　一起寻找答案吧 / 025
　　让孩子承担一定的职责 / 029
　　爸爸也来帮忙 / 033
　　有趣和可爱 / 036
　　爸爸会永远支持你 / 040

第二章
有效夸奖孩子的聊天魔法

　　你也太棒了吧 / 044
　　"一日三夸" / 048
　　用正确的方式鼓舞孩子 / 051

让孩子自己思考 / 055

你比爸爸厉害多了 / 058

用具体细节夸奖孩子 / 061

你已经很棒了 / 064

当孩子对你撒谎时 / 068

听听孩子说的话 / 071

将表扬进行到底 / 074

不妨试试与孩子来个约定 / 078

做错事了会被严厉批评 / 081

第三章
提高孩子学习成绩的聊天魔法

当孩子成绩下降时 / 086

一旦碰壁，那就暂时撤退 / 089

英语可以这样学 / 093

理科可是很有趣的 / 096

陪孩子看运动直播 / 100

下次一定要赢 / 103

一起观看新闻节目 / 106

为什么一定要学习呢 / 110

跟孩子说一说自己自豪的事吧 / 113

一起学习吧 / 116

请毫无顾忌地向孩子炫耀吧 / 119

尽量别说"下次再做吧" / 122

第四章

给孩子带来自信的聊天魔法

不必过早给孩子准备专门的房间 / 126

帮孩子戒掉游戏吧 / 129

看看爸爸是怎么工作的 / 133

别忘了给孩子打电话 / 136

陪孩子一起散步吧 / 139

和孩子一起下厨房 / 142

一起享受户外体验 / 145

追寻爸爸成长的足迹 / 148

共同的兴趣爱好 / 151

要让孩子亲自体验 / 154

要不要给孩子配手机 / 157

做孩子的好榜样 / 161

第五章

培养孩子应对未来能力的聊天魔法

那东西需要自己存钱去买 / 166

爸爸想要什么也需要先存钱 / 170

原来爸爸也在忍耐啊 / 174

自己的东西自己拿 / 177

请站着来上学 / 179

让孩子自己动脑去想 / 182

留给孩子思考、表达的空间 / 186
爸爸可是不会放弃的哦 / 190
这样就要放弃了吗 / 193
孩子是看着父亲的背影长大的 / 197
父子一起学谚语 / 200
告诉孩子要"慢慢来" / 203

后记 / 207

第一章

让孩子敞开心扉的聊天魔法

怎样让孩子开口?
怎样让孩子畅所欲言?

你今天在食堂吃了什么

> 我每天都会用三十分钟以上的时间来和孩子对话,讨论不同的话题。

想要将自家的孩子培养成聪明的孩子,对于一位父亲来说,重要的是每天至少要和孩子进行30分钟以上的对话。

首先,我想请大家看一看日本学研教育综合研究所曾经进行的一项有趣的调查。

这项调查将实验对象分成两组,第一组的父亲们几乎每天都会检查自家孩子的学习;第二组的父亲们则几乎不会检查。最后再对这些父亲进行访问,听取他们对自家孩子的印象和评价。下面表中显示的就是该实验的调查结果。

日本学研教育综合研究所"关于父亲与家庭教育的调查"(2006年调查结果)。

▲父亲几乎每天都会检查自家孩子学习的实验组A
▲父亲几乎不会检查孩子学习的实验组B

- 成绩优秀的类型　　　　A　41.7%　　B　5.6%
- 做事认真的类型　　　　A　50.0%　　B　11.3%
- 拥有领袖气质的类型　　A　38.1%　　B　4.8%

·善于社交的类型　　　　A　43.4%　　B　15.8%

调查的结果一目了然，虽说"这些结果不过是父亲们的主观判断"，不过，其中毋庸置疑的事情是，几乎每天都会检查自家孩子学习的父亲们，对孩子们的评价，比几乎不检查的父亲们的评价要高得多。

换句话说，在前者的父亲们眼里，自家孩子已经属于"聪明孩子"的范畴了。

话虽如此，可如果自己的孩子正在上小学，那么作为父亲，大部分的情况下，必然都是需要每天早出晚归地出门赚钱。所以，大部分父亲想要"每天检查自家孩子的学习情况是不可能的"。

到目前为止我采访过的案例当中，即使是孩子考上像开成中学（日本常年排名第一的私立男校——译者注）和樱阴中学（日本常年排名前三的私立女校——译者注）等有名的高门槛学校的家庭，父亲们也大多一周只会检查一两次自家孩子的学习状况，所以大可不必为此感到焦虑。

不过，这些孩子学习成绩突飞猛进，最终考上心仪学校的家庭都有一个共同点，那就是父亲们都会设法增加自己与孩子之间的对话。

我采访的那些父亲中，大家几乎千篇一律都说过这样的话："对，我每天都会用三十分钟以上的时间来和孩子对话，讨论不同的话题。"

其中有一个关键的话题就是"你今天在食堂吃了什么？"。

无论是从孩子小学时代开始，父子之间能够保证充分对话的家庭，还是父亲一直业务繁忙，平时与孩子接触时间较少的家庭，想要突然增加父子之间的对话其实是一件非常困难的事。不仅孩子的内心会感觉怪怪的，作为父亲也会陷入一种"不知道如何开口"的状态。

这种时候，"你今天在食堂吃了什么？"这个话题就能够作为父子交流的突破口闪亮登场了。

因为如果突然问自己的孩子"最近学习怎么样？有没有长进？"假如他最近刚好成绩并没有什么长进，那么可能这个问题直接就会结束这段对话。即使孩子最近成绩有所长进，最大的可能也只是得到一个"嗯"的回答，然后陷入沉默。

所以，在对话的一开始就以学习或者考试成绩为话题，会让孩子觉得你"又来这一套"，导致后面的对话完全陷入僵局。

而食堂的饭菜这个话题就完全不同了。

这一点，与大人们在进行商谈或者与邻居闲聊时，一开始都以"今天天气真好啊""最近突然变得好冷啊"等天气的话题开始是一个道理。

而且，你问的问题是"吃了什么"，所以孩子们一般会给出像"吃了奶油菜汤、葡萄干面包，还有……"这样具体的回答，以此为基础，你就可以继续以"奶油菜汤味道怎么样？""上学开心吗？"等方式，将话题逐渐拓展开来。

孩子其实都具有喜欢跟自己的父母絮叨自己周围发生的事情这种天性。

如果一位父亲能够主动去维系这种让孩子能够畅所欲言的环境，那么，今后关于学习上的烦恼、与学校的同学闹矛盾等的事情，孩子就会渐渐主动来找你聊。

在孩子的成长过程中，会碰到像社团活动、中考和高考等各种各样必须要跨越的槛。甚至有些孩子在学校还会受到其他同学的欺凌。

想要将自己的孩子培养成聪明的孩子，就必须要让孩子跨过这一个又一个的难关。为此，创造一个让孩子觉得"我说什么事情父母都愿意倾听"的环境，建立亲子之间的信赖感这件事至关重要。

因此，每天只需要花上三十分钟，哪怕是用早上去上班之前的时间加上晚上回家之后的时间，只需用三十分钟时间，让孩子养成与自己聊天的习惯，一定会让自己与孩子受益匪浅。

爸爸下班早点回家

> 一周之中最少有一天，父亲要在晚上七点之前回家，与孩子一边吃晚饭一边聊天。

"想要将自己的小孩培养成聪明的孩子，一周之中最少有一天，父亲要在晚上七点之前回家，与孩子一边吃晚饭一边聊天。"

这句话是立命馆小学的副校长阴山英男氏说的，他发明的百位百格计算十分有名。

阴山英男氏拥有多年担任校长的经验，帮助无数孩子提升过自己的学习成绩。他结合了公立小学的校训与自己多年的教学经验断言道："不仅在小学的六年时间里，即使是上了中学以后，一般来说，学习成绩能够飞速提升的孩子，都是那种家庭氛围和谐，包括父亲在内，一家人会坐在一起吃饭并聊天的。"

此外，对于提升孩子学习成绩十分上心的埼玉县的上田清司知事（知事，是日本都道府县行政区的首长——译者注），在进行了各种各样的调查之后，呼吁自己治下的职员们每天要准时下班，并说道："在培养孩子的过程中，父亲的参加是必不可少的。"同时，他还曾请求东京都和横滨市等首都圈八大都县市，以及各类民间企业，希望这些机关单位能够协助他完成"让父亲早点回家"的这个提案。

即便如此，大部分人拥有的想要完全不加班就能下班的日子也还是少之又少。有时候，费尽千辛万苦回家以后，却发现妻子和孩子已经吃完晚饭了……事实上，这种例子也屡见不鲜。

这种时候，我希望父亲们能去主动邀请自己的儿子"一起洗个澡吧"，忍受暂时的饥饿，与儿子一起享受一下宝贵的泡澡时光。

根据序言中为大家介绍的日本内阁府的调查，大部分父亲对于自己孩子的事情知之甚少。

日本内阁府"关于青少年的生活和意识的调查"（2007年3月的调查结果）。

▲请问你知道自己孩子玩伴们的名字吗？
- 知道　　　　　14.3%
- 不怎么知道　　30.3%
- 不知道　　　　7.4%

▲请问你知道自己孩子班主任的名字吗？
- 知道　　　　　36.1%
- 不怎么知道　　19.1%
- 不知道　　　　19.4%

▲请问你知道自己孩子平时在学校学习什么内容吗？
- 知道　　　　　6.7%
- 不怎么知道　　45.9%

・不知道　　　　15.3%
▲请问你知道自己孩子平时的困扰或者烦恼吗？
・知道　　　　　3.6%
・不怎么知道　　51.4%
・不知道　　　　15.6%

在整个调查中，父亲们回答"知道"的比例超过50%的，只有"学校的成绩"这一项。换句话说，在现实中，大部分的父亲仅仅关心自己家孩子的学习成绩，对其他的事情知之甚少。

想要改变这种现状，如果与孩子一起吃晚饭这件事比较难以实现，那么至少也应该和孩子一起泡泡澡，在浴缸中一边悠闲地相互搓背，一边听听孩子讲述在学校发生的事、现在的烦恼和感兴趣的事等。

身体和心灵双重放松的泡澡时光，与一起吃饭有着截然不同的效果。

在这种坦诚相对的氛围中，孩子更容易敞开心扉。而且，因为母亲不在，所以孩子更容易说一些只属于父子之间的"小秘密"。

如果在饭桌上问孩子"在学校过得开心吗？"，往往会得到类似"嗯，还行吧"这样暧昧的回答，而如果是在浴室中，孩子多半会作出像"一点都不开心，因为……"这样袒露心扉的回答。

"你在学校一般和谁玩得比较多？"

"你感觉你现在的老师怎么样？你最喜欢的是哪个老师？"

"你天天又要去上辅导班，又要去上游泳课或者钢琴课，会不会有些吃不消啊？"

像这样与孩子轻松地坐在浴缸中，不论是关于玩伴、老师、学习，还是关于课外补课引申对母亲的不满等事情，孩子都会一五一十地款款道来。

此外，孩子如果在那种时候说了一些无厘头的话，也千万不要像"你在说什么东西啊，完全搞不懂"这样去否定孩子。

即使是兄弟姐妹抢着要说什么话的时候，也要记住注意措辞，一定要避免类似"吵死了""我受够了"这种话出现。

"你从头开始再慢慢地说一遍。"

"那就从姐姐开始按顺序发言。"

可以用上述这种话语来慢慢引导孩子们，让浴室变为孩子们能够言无不尽的场所。如此一来，就能够逐渐构建出一个畅所欲言的家庭环境了。

我有一个坚实的盟友

> 有什么事都能和爸爸说,爸爸保证不生气。
> 别忘了爸爸可是你坚实的盟友哦!

我曾经采访过一些有逃学经验的孩子们。

其中大部分的孩子都表示,明明已经多次跟父母说过自己讨厌去上学,但是母亲总是会絮叨:"你要是不去上学,我在邻居面前就会很丢人",而父亲则总是一副"我工作很忙"的态度,完全不把孩子说的话当回事。

换句话说,正是父亲这种不把孩子当回事的态度,变成了压死骆驼的最后一根稻草,往往容易使自己的孩子误入歧途。

其实,仔细研究一些在日本长崎县佐世保市发生的小学六年级学生杀害自己同学的事件,和奈良县田原本町发生的在医生住宅放火杀人事件等青少年犯罪事件就能发现,这些孩子的父亲,往往只关心他们的学习成绩有没有进步,而忽视孩子们的烦恼。甚至可以毫不夸张地说,父亲的这种态度,就是这些犯罪事件的直接导火索。

在如何将自己的孩子培养成聪明的孩子这件事上,我苦思多年，越发觉得其中一个重要的秘诀就是，比起孩子的学习成绩如何，父亲更应该关心的是一些深层次的东西，比如说孩子在当前的年龄段会有什么样的烦恼，或者想要做什么事情等。

这样做的目的是让孩子不会因为受到一点小小的打击就受挫。

培养出来的这种强大的内心，会使得孩子在遇到困难的时候萌生勇敢克服的自信，同时孩子将来走出校门、走向社会时，也能建立"不逃避""不推卸""不轻易放弃"的良好素养的基台。

我认为，这些都需要身为一家之主的父亲，从孩子小学开始，就不断地在与孩子每日的对话中有意识地培养。

其实，这并非一件难事。最重要的是，在与孩子对话的过程中，要让孩子感受到自己的爱。

举个例子：某天，妈妈因为有要事缠身，所以对孩子说道："我今天有事要忙所以没有做晚饭。晚上要么吃披萨，要么就去便利店买些便当吧？"。

这种场景在一般家庭中十分常见。

这种时候，如果父母仅仅以"有事要忙"为由，那么不论到底是何要事，对于年幼的孩子来说，他能感受到的就是"跟你相比我的事情更加重要"这样一种感觉。

这种时候，如果父亲在场，就应该果断出击，想出一个两全之策，让忙得焦头烂额的母亲和遭受影响的孩子都能得到满足。

"那，今晚就出去下馆子吧？爸爸请客。"

"那，晚饭时间虽然可能会推迟，但今天就和爸爸一起来做晚饭吧？"

使用上述任意一种方法，肯定都能看到孩子脸上的表情瞬间阴转晴吧。

"出去下馆子"和"一起做饭"，这两件事中的任意一件事，都会让孩子感到心潮澎湃，毕竟没有什么事情，能够比如山的父爱更加让人安心了。

还有一种情况是，要注意孩子自己发出某种信号的场景。

比如当母亲问孩子"今天作业做完了吗？"平常乖巧的孩子突然高喊出"吵死了！"等偏激的言语。此时，又轮到父亲闪亮登场了。

"怎么了？是不是在学校碰到什么事情了？"

"有什么事都能和爸爸说，爸爸保证不生气。别忘了爸爸可是你坚实的盟友哦！"

我希望身为父亲，在这种时候你能够弯下腰，温柔地平视并开导孩子。

因为一般来说，父亲平时与孩子相处的时间较短，所以比起母亲来说，父亲更容易察觉到孩子一些细微的变化。因此，一旦你发觉"哎呀，孩子好像跟往常有些不一样"时，千万不要忘了主动去开导孩子。

这样做能够让孩子感受到来自父母的关心和爱护，也能够给予孩子足够的安心感——"我有一个坚实的盟友"。这些，都是为孩子塑造一颗强大内心所必不可少的要素。

将工作的事说给孩子听吧

> 从自己父亲口中得知的关于工作的事情,
> 对于孩子职业观的形成有着巨大的影响这件事
> 是无法否认的事实。

我曾经和东京秋留野市有名的私立小学——菅生学园初等学校的越村清治校长聊天时,听他讲过一个有意思的事情。

越村校长曾经担任过东京都内的有着名门公立小学之称的番町小学的校长。他对我说:"医生的孩子长大以后从事医生职业;律师的孩子长大以后从事律师职业的概率十分高。"

那么,产生这种现象的原因到底是什么呢?

我认为,是因为孩子一般都是通过与父亲的聊天来认识这个社会和各种各样的职业的,就算这种认知是十分模糊的,但也会让孩子对未来充满了幻想。

如果孩子父亲的职业是医生,那么在饭桌上的话题,自然而然地就会涉及当今的医学领域或者与患者有关的事情。反之,如果父亲是一位律师,就算一定程度上受到保密条约的约束,但是聊天的话题难免也会围绕着法庭或者原告被告等事情。

如此一来，在一旁静静聆听的孩子，长年累月下来，大概就能知道医生的工作是什么样子，律师的工作能够带去什么样的社会价值。今后，在进行自己的职业规划时，多多少少都会有一些"我也想变成爸爸那样"的想法。

当然，肯定也会有起到相反效果的时候，听了自己父亲对于工作的描述之后，觉得自己想要干其他的工作的人必然也不在少数。无论是哪种情况，从自己父亲口中得知的关于工作的事情，对于孩子职业观的形成有着巨大的影响这件事是无法否认的事实。

比如说我家里的情况，我的女儿在刚上小学的时候，曾经天马行空地说自己长大以后想要当医生。

然而，当她升到四年级左右的时候，她的梦想就变成了长大以后想当新闻播音员或者学校的老师了。

这都归功于我这个蹩脚的记者，每天都给自己女儿"灌输"一些国内的政治问题和国际形势问题。此外，我还会经常和她聊一些我担任讲师的大学里发生的一些趣事。

如今，日本全国的中小学校，特别是以私立学校为中心，都会专程聘请一些毕业生或者家长为讲师，来给学生们上一些有关职业规划的讲座。

做这些事情的目的是防止孩子长大以后变为"啃老族"，或者长期以打零工为生的事情发生，因此提前培养孩子们的职业意识。我认为，这样的尝试与努力，在每一个家庭之中也是必不可少的。

因此，平时与孩子在饭桌上一起吃饭时，或者一起泡澡时，希望每一位父亲都能够悉心地跟孩子讲讲工作上的事情，还有在公司发生的有趣的事、残酷的事等。

"今天企划团队的人想出了一个很有趣的商品文案。"

"我们公司的销售额这次又输给竞争对手公司了。"

像这样，先从一些简单易懂的事情开始，一一诉说给孩子听。

如果是父母都上班的家庭，那么我希望父母都能对自己的孩子讲一讲工作的事。因为，孩子都是通过自己的父母来认知这个世界的，最终，通过这种认知，孩子会把自己的目光转向社会，构建自己将来的梦想。

如果将来的梦想能够在孩子的内心生根发芽，那么孩子对于学习的动力也自然就会水涨船高。

我过去采访过一些考上比如开成中学、麻布中学、樱阴中学或者女子学院中学这一类名门中学的孩子，当听到从孩子的口中说出将来想要"当整形外科医生""当报社记者去国外采访"等十分具体的梦想时，我的内心是十分震惊的。我想，这应该也是沾了父亲们耳濡目染的光吧。

爸爸能够理解我

让孩子有更长的说话时间；对孩子所说的话做出适当的回应。

想要让孩子对自己无话不谈，自己必须要掌握聆听的技巧。比如当孩子兴致勃勃地冲过来跟你讲："爸爸，你听我说……"时，你如果一直做一些类似"哦，这样啊""所以呢？"等这样不痛不痒的回答，那么，之后就算你拼尽全力想要保证每天三十分钟的父子对话，你们之间的对话也会很快就结束，变成大眼瞪小眼的状态。

不仅如此，想要把自己的孩子培养成聪明的孩子，拥有一个善于聆听的姿态同样是必不可少的。

东北大学的大脑研究专家川岛隆太教授称，人的大脑中掌控智商的主要部位是前额叶皮层。除了进行百位百格计算或者反复训练之外，亲子之间的对话同样可以帮助孩子的前额叶皮层变得更加活跃。

如此看来，即使是站在对孩子进行脑部训练的角度上来看，父母们也应该要好好下功夫，尽量增长与孩子的对话时间。

我在担任日本在京广播电台的记者和制作人的时候，因为工作需要，曾经聆听过许多名人和著名事件的当事人述说各种各样的事情。对于这些宝贵的经验，我不仅将它们运用到培养自家孩子上，而且在过去出版的有关教育的作品或者举办的演讲中，我经常向家长们强调两件事情：①让孩子有更长的说话时间；②对孩子所说的话做出适当的回应。

关于第一点，"让孩子有更长的说话时间"，如果自己的说话时长与孩子说话时长比例一样，就很有可能会让孩子觉得"自己想说的内容并没有完全表达出来"。

"我今天基本上没有表达出我想要说的话。"

我负责的某个脱口秀节目，就偶尔会有嘉宾说出上面这种话然后败兴而归。这就是因为本应扮演聆听角色的播音员，说的话几乎与嘉宾一样多。

这个问题的解决方法其实很简单，只要把自己说话的比例控制在全部时间的三成左右，让对方能够有七成左右的发言时间，就可以给对方一种"眼前这个人在很认真地听我讲话"的印象了。这也可以说是我从过去的失败中吸取的教训。

如果能够把这个技巧运用到与孩子的对话当中，那么父子之间的对话，就不会变成父亲在一旁喋喋不休地讲述自己的事情。因此，拥有仔细聆听孩子说话的态度是至关重要的。

第二点的内容是"对孩子所说的话做出适当的回应"。

我认为，只要父亲在与孩子对话时，能够灵活运用以下5个诀窍，那必然可以与孩子聊得十分愉快。

1. 不愧是（例：真不愧是××啊）；
2. 难以置信（例：啊，真的吗？这也太难以置信了吧）；
3. 真厉害（例：你可真厉害）；

4. 好不容易（例：好不容易花功夫准备的）；

5. 没错（例：你说得没错）。

虽然上述5点都有一些过度反应的成分在内（需要一些演技——译者注），但是，只要身为父亲的你能够将这些诀窍运用自如，那么在孩子的心中，就会萌生出一种"爸爸能够理解我"的想法，今后也自然而然就会对你敞开心扉了。

近几年，青少年因饱受校园欺凌而自杀的案件与十几岁的青少年犯罪的案件频发，早已演变成了一种社会问题。如果所有孩子的父母都能够善于聆听，那么很多事情就不会最终演变成悲剧，父母也不至于在一切为时已晚之时悲叹道："你为什么不早点告诉我啊？"

看起来很有趣啊

> 当孩子热衷于一件事并兴冲冲地将其表达出来的时候，或者是当孩子专注于某件事的时候，都是孩子的大脑在飞速运转的瞬间。

相信各位父亲一定经历过一回到家，孩子就迫不及待地冲过来抱住你和你讲话的事情。

"我今天在学校第一次打了篮球。"

"我们家的冰箱里也有中国产的冷冻饺子哦！"

也不管父亲累不累，就是像这样一个劲地说个不停。

抑或者，就仅仅对你说一声"你回来了"，然后继续埋头于学习、做手工、弹钢琴或者帮妈妈一起做晚饭等事情中。

事实上，当孩子热衷于一件事并兴冲冲地将其表达出来的时候，或者是当孩子专注于某件事的时候，都是孩子的大脑在飞速运转的瞬间。这些活动都可以使孩子的前额叶皮层变得更加活跃。

首先，当孩子兴冲冲地表达某件事时，一般就代表孩子对这件事情十分感兴趣。

这些事情中，可能有一些内容在大人看来"很无聊"或者"希望孩子能够对其他的事情感兴趣"，但是，只要不是过于离谱，我希望大家都能给予孩子一些肯定的回答。

"篮球？打得怎么样？开不开心啊？爸爸以前也喜欢打篮球哦！"

"是不是新闻上讲的那个牌子啊？啊，在哪在哪？"

就算身为父亲的你本身对打篮球并不太感兴趣，或者对中国产冷冻饺子并不关心，我也希望你能够以一种积极的姿态回应孩子。

就算只是讲一些相关的知识，比如：

"打篮球，最重要的就是团队合作了。有些人你单挑打不过，可是如果团队配合默契，还是能赢的哦。"

"日本的超市里摆放的冷冻食品基本都是从中国进口的。其实日本是一个食物进口大国。"

希望大家都可以像这样，向孩子传递一些作为父亲掌握的一些知识。

如果孩子表现出更深的兴趣，那么可以找个机会带孩子去看看篮球比赛，或者和孩子一起看看新闻，甚至可以专程找一天带孩子去超市的冷冻食品专柜，找找看里面的商品。

孩子热衷于某件事时的对应方法也一样。

如果孩子热衷的对象是一些一味地接收信息（比如电视节目或者游戏等），那么对孩子大脑的活跃将没有任何帮助。而如果是一些能够让孩子动脑的事情，那就可以像下面这样：

"哇，你做出了一个好厉害的东西啊！"

"看起来很有趣啊，十分期待成品是什么样子！"

给予孩子肯定，有些时候甚至希望你可以亲自动手帮帮孩子。

如果每次一到睡觉的时间，就不管三七二十一地对孩子喊道："你要玩到什么时候啊"，那就是强制让自己孩子的大脑停止发育，其实就相当于剥夺了对孩子兴趣培养的种子。

今天招呼打得不错哦

> 在有着大声打招呼习惯的家庭中，比起学习成绩，更注重的是如何将孩子培养成一个合格的人。

我一直坚信"聪明的孩子见到人一定要会打招呼。如果孩子的父母平时就比较注重打招呼这件事，那么孩子自然而然会去模仿父母，见到人也会好好打招呼"。

我每次去那些考上首都圈名门高校的孩子家中采访时都能惊讶地发现，绝大部分这些考上高门槛名校的孩子，见到我时都会说一些"您好""初次见面（请多关照）"这样的话来大大方方地打招呼。

每当碰上这种情况，仅通过这种细节我就能判断出这些孩子们，肯定不会是被家长强行送进学校，处于每日只被关心学习的家庭环境。

往更深层次讲，在有着大声打招呼习惯的家庭中，比起学习成绩，更注重的是如何将孩子培养成一个合格的人。所以这些孩子往往后来学习成绩也会突飞猛进，在中考高考中一鸣惊人。

我认为，这样优良的习惯应该普及每一个家庭当中去。

首先，每天早上一起床，父亲应该率先用敞亮的声音对所有家庭成员说"早上好"。父亲一句大声的"早上好"，毫无疑问传达了父亲"今天一天也要好好加油"的信息。

而如果母亲也能亲切地对每一位孩子说道"早上好"，那么无论是三伏酷暑还是数九严冬，所有家庭成员都能得到一种向前的动力。

除此以外，所有家庭成员互相问早安还有一个好处。

那就是当孩子用阴沉的声音打招呼，或者干脆不打招呼时，就代表着孩子可能有一些异常。

"你是不是今天身体不舒服？"

"你今天好像没什么精神，是不是学校发生了什么事？"

父母也可以及时像这样询问孩子的状态。

除了问早安之外，"路上注意安全""你回来了"还有"谢谢""晚安"等话语也同样能起到这种作用。

那就是让家庭成员之间产生心与心之间的交流。对于孩子来说，打招呼可以让他（她）真切地感受到"我的家人们会一直在背后支持我""我的家人们很爱我"，与此同时，对于父母来说，打招呼则是掌握孩子日常细微变化的晴雨表。

提到打招呼这件事，还有一件事需要包括父亲在内的所有家长们留心一下。那就是希望大家能够培养出语言上会区别使用、态度上会区别对待的孩子。

有些人一听到"区别对待"这样的词语，可能会皱眉想道：难道是让我教育孩子要见人说人话见鬼说鬼话吗！

确实，在大人的世界里，那种对下级骄横无理，对上级阿谀奉承的人普遍不受人待见。还有那种向对自己有益的人点头哈腰，对自己无益的人横眉冷对的人也是让人见而生厌。

然而，此处提到的"区别对待"并非鼓舞让孩子成为那种"表里不一的人"。而是想让孩子成为那种"能根据情况不同来使用合适的言语的人"。

简单来说，就是当孩子们在一起玩的时候，多少可能都会用一些粗暴的语言。可如果这时，突然有家长来接孩子了，那么，此时如果孩子能够恭恭敬敬地对家长说道："小××的妈妈，您好"，这种教育就毫无疑问是成功的。

日本曾经一度流行过KY（KY直译为不会读取气氛——译者注）这个词语。对于孩子来说，特别是到了小学高年级以后，如果还不能够养成见到大人以后，恭敬地说出"早上好""您好""谢谢您"的习惯，那么今后就很可能变成那种不会审时度势的孩子。

孩子玩耍之间使用的言语，与和朋友的父母、学校的老师等大人说话时使用的言语是完全不同的。希望大家能让孩子在日常生活中逐渐理解这一点。

这件事其实一点也不难，只要身为父母的大家平时在家里或者与邻居友人相处时，给孩子做一个爱打招呼的好榜样就可以了。

当孩子恭敬地打完招呼之后，千万不要忘了给孩子一个大大的表扬："今天招呼打得不错哦。"

一起寻找答案吧

> 从孩子口中蹦出"什么?""为什么?""怎么会?"等疑问词时,正是让孩子头脑变聪明的绝好时机。

在与孩子的日常对话中,必定有过会被孩子问"爸爸,这是什么?""这是为什么?"等问题的经验。

"什么是全球变暖?"

"日本选手为什么要去国外呀?"

在和家人一起看电视的时候,或者一家人聚在一起闲聊的时候,孩子一般都会毫无顾忌地问出自己心中的疑问。

希望大家在那种时候,不要以"这个以后再告诉你"或者"我今天太累了,改天吧"这样的回答来拒绝孩子。

从孩子口中蹦出"什么?""为什么?""怎么会?"等疑问词时,正是让孩子头脑变聪明的绝好时机。

孩子产生疑问的时候,正是孩子"想要了解更多相关的事情"这种好奇心涌现的瞬间。同样也是孩子聚精会神听父亲讲解,吸收能力高涨的瞬间。

事实上,在我去那些考上名校的孩子家里采访时,他们的父亲们都会异口同声地回答道：

"关于孩子的提问和疑问，我一般都会立刻做出我知识范围内的解答。"

"我在家整理房间时，如果孩子突然跑过来问我问题，我就会停下手边的事，立马坐下回答孩子的问题。"

我认为，父亲的这种姿态，正是孩子学习成绩突飞猛进的一个重要因素。

然而，很多情况下，孩子提的问题我们并不能立刻就回答上来。

比如，月亮为什么有时候会缺一个角呢，为什么会发生涨潮退潮的现象呢，蝾螈和壁虎有什么区别呢，等等。就算以前上学学过，可能一时之间也无法很好地回答孩子。

这种时候，请大家试着以"爸爸也不知道哦，让我们一起来寻找答案吧"的方式去引导孩子。

如果你此时刚好没有充裕的时间，那么互联网也是一个不错的选择。但是我还是推荐家长可以和孩子一起去查询专门的图鉴或者专业书籍。

因为这样不但可以使孩子获得一种"通过努力找到答案"的成就感，而且可以帮助孩子养成良好的习惯，今后万一再碰上疑问，孩子则可以使用同样的方法去寻找答案。

但是需要注意的是，不管是上网寻找答案，还是使用图鉴或专业书籍，我都希望不是父亲自己独立去寻找，而是像这样：

"你觉得我们应该输入什么单词来检索呢？"

"小××，你觉得这是为什么呢？"

一边向孩子提问一边引导孩子寻找答案。如此一来，就仿佛是往孩子的好奇心之火上浇了油，说不定可以收获奇效。

对于学校布置的作业也同样如此。

当孩子跑过来跟你说"我这里不太懂"时，有些家长可能会做出类似"什么？你怎么连这种问题都不懂？""我上次不是教过你了吗？"这样的回答。

如果碰上孩子真的不懂时，孩子可能甚至连自己哪里搞不懂都不清楚，所以此时就需要家长来耐心地以"你哪里不懂"的方式慢慢引导孩子。

而对于即使父母以前教过自己，可还是能够勇敢说出"我这里不太懂"的孩子来说，至少他们内心十分清楚自己薄弱的地方并且能够勇敢地说出来。这些都是十分难能可贵的。

对于这样的孩子，如果父亲像"你真是笨""你又忘了？"这样出口指责，那很可能会打击孩子的自信心，导致孩子今后不敢再提问。

最坏的结果，甚至可能使孩子对学习失去兴趣。所以，这种时候一定要放下手头的工作，关掉看得兴起的电视节目，立刻去解答孩子的问题。

解答的要点有以下3个：

1. 孩子希望你现在就教他的内容，应该立即教给他；
2. 帮助孩子找到犯错的地方；
3. 给孩子提一些建议，告诉孩子用什么方法才能得到正确答案。

有些时候，孩子问的这些问题可能你看了以后都觉得"这问题很棘手""要是自己都解不出来那可就太没面子了"。

这种时候,希望大家不要中途放弃,对孩子说"这种小问题,你自己去想吧",而是像这样"这道题看上去很难啊,说不定连爸爸也解不开哦。不过还是让我们一起来试一试吧"去应对。

这样一来,就算最后还是没有解出来,但至少你向孩子展示了勇于挑战的精神。

让孩子承担一定的职责

> 我让自己的女儿担任这个天气预报担当后,得到了很多意想不到的收获。

想要将孩子培养成各个方面都能称得上聪明的孩子,重要的是要让孩子拥有责任感,并且学会用大脑去思考。除了前面提到的父子共同寻找答案以外,这一小节,我希望各位父亲能够把自己想象成为人事部长。

我在上一本书《聪明孩子爸爸的习惯》(PHP文库出版)中,提到过我任命还在东京都内的私立小学上学的女儿,担起我们家天气预报的责任。

她所担任的天气预报的职责,是每天早上去门外取回当天的早报,顺便用眼睛或者皮肤感受一下当天的天气和气温的高低。然后,通过阅读早报和看晨间新闻,掌握当天的降水概率和最高气温。最后告诉全体家庭成员"今天的天气是这样的"。

女儿以前经常会有遗忘,或者确认成其他地方的天气这类的事情发生,不过当这件事持续了一年、两年以后,女儿不但会像下面这样为我们提供一些体感信息:

"今天应该会比早报上记载的气温还要热,外面一点风都没有。"

"今天比昨天还要冷,但是车上却没有结霜,说明今天空气可能有些干燥呢。"

而且会观察院子里的花草树木。

"春天快来了哦,院子里的山茱萸(也称花水木——译者注)发的芽都长得好大了。"

"百日红(也称紫薇花——译者注)的花瓣全都凋谢了,已经到秋天了呀。"

为我们加上这些季节信息,以提供更准确的天气预报。当然像"啊,今天忘记了"这种事再也没有发生过,也没有发生过我们住在东京,而来自女儿的天气预报是九州地区的情况了。

不仅如此,女儿还因此变得更加关心全球变暖的问题,并且在向我们汇报天气的时候,还会夹杂一些她自己独立思考后的分析。

虽然说这些话显得有些自吹自擂,不过我想通过这个例子告诉大家,我让自己的女儿担任这个天气预报担当后,得到了很多意想不到的收获。

作为一位平凡的父亲,比起那些不知名的大学,我希望自己的孩子将来尽量能够考进一所门槛高的大学。

即使不是东京大学或京都大学,至少也要是那种在找工作时不至于拿不出手的大学。说心里话,最起码也要是一所拥有全国才俊云集的大学。

可即便如此,我要求的不仅仅是学习成绩好,能在高考中拔得头筹的这种"肉眼可见的学习能力"。

毕竟,一个人所上大学的好坏,并不能决定他(她)的一生。女儿今后走向社会以后,其他方面"肉眼不可见的学习能力",甚至会变得更加重要。

因此,在日常生活中,对孩子的思考能力、判断能力、创造力、集中力、责任感和对未来的预想力的锻炼也必不可少。其中,我亲自试验并获得显著效果的,就是"让孩子担任天气预报担当"这件事,所以,我希望大家也不妨试试这个方法。

其他我还推荐让孩子担任防灾担当。

对于常年住在日本列岛的人们来说,时刻都有着巨大地震来袭的危机感。因此,让孩子担任防灾担当再适合不过。

虽然每个家庭的防灾准备都不尽相同,但是可以确定的是,当灾害来临时,每人每天至少需要摄入3升水。因此,确保水源这件事情至关重要。

如果你们家是用大型的塑料瓶或者桶来储存水,那么至少几天就必须要更换一次水;放在枕头旁边的手电筒和收音机等物品,也必须大概一个月就检查一次电池情况。大家可以试试把这些事情都交给自己的儿子或者女儿来做。

这个职位与天气预报担当有些许不同的地方就是,并非每天都有事要完成,所以很容易被遗忘。如果自己的孩子成长到能够好好完成这个任务了,那就说明自己的孩子真正长大了。

而且,相对于天气预报担当来说,这个职位还会给孩子带来守护全家人性命的责任感。由此孩子也会自主地开始考虑要如何守护自己的性命等,由此衍生出孩子的自我保护意识。

此外，为了加强人们的防灾意识，日本各地在每年关东大地震发生的9月1日，阪神、淡路大地震发生的1月17日等日子，都会举行防灾训练，各家媒体也会播报一些地震发生时的应对对策等内容，这些都是增加父子俩理解预防地震的好机会。

除了以上说的这两项，如果是有好几个孩子的家庭，那么可以按周和月来给孩子分配工作：这个月哥哥是打扫担当，小××是报纸担当，也可以按年来分配工作。通过这种方式，就可以锻炼孩子那些"肉眼不可见的学习能力"了。

爸爸也来帮忙

> 不管是做什么事情,父亲只要开口让孩子"帮帮忙"就好了。

即使是父亲与孩子没什么时间接触的工作日,也有一个好办法可以让父子之间的距离瞬间消失。

那就是让孩子"过来帮帮忙",然后共同完成一件事。

如果是放假的日子,那么父子之间可以尝试的事情有很多,像挑战一起做晚饭,一起做园艺,等等。

这些事情都需要在创意上面下功夫。比如说做料理,需要考虑如何用手头现有的食材制作出美味的料理,并且在制作过程中还要保证没有人被切伤烫伤。

而做园艺,讲究的则是如何去搭配各种季节的花花草草才会更好看等,需要用心去观察。

换句话说,无论是做料理还是做园艺,都是孩子平时在书本中很难接触到的,这些活动锻炼的是孩子的思考能力、创造力、集中力和对美的意识。

并且,如果家中有两个以上的孩子,那么他们还能够争相出主意,齐心协力去完成任务。这些都将成为他们宝贵的经验。

"想要提高孩子的学习能力,那就要增加父子间团队合作的机会。"

我去首都圈和关西圈的名校采访时,大部分学校的校长都说过上面的话。团队合作不仅能够加深父子间的亲密关系,还能够使孩子变得更加聪明,简直就是一举两得。

不过,在工作日却往往抽不出那么多时间。即使这样,还是想要和孩子一起做一点什么事,想要培养孩子读写计算之外的综合能力的话,我推荐大家可以试试以下 3 种项目。

1. 一起洗碗、打扫浴室

父亲和孩子一起,一边聊聊今天在学校和职场发生的事,一边洗洗盘子洗洗碗,或者打扫浴室。

特别是洗碗,可以教育孩子为了保护环境,要节约水资源,怎样洗才能更加省水,还要保证碗和盘子不会掉落摔碎,这些都是能提升孩子的思考能力和集中力的锻炼。

2. 一起照顾宠物

如果家中饲养了猫或狗等宠物,那么根据宠物的种类不同,平时需要做的事有像投喂饵料、更换宠物尿垫、给宠物刷毛等。如果养的宠物是仓鼠,那么需要把它的笼子清理干净;如果养的宠物是金鱼,那么需要时常更换水槽里的水。

这些可以培养孩子观察生物的能力和教会孩子要敬畏生命。

3. 一起早上去扔垃圾

通过辨别可燃物和不可燃物,可以提高孩子保护环境的意识,说不定还有机会可以碰到邻居,响亮地打个招呼呢。

其实不管是做什么事情,父亲只要开口让孩子"帮帮忙"

就好了。这样渐渐地，今后就算父亲不开口，孩子也会把这些事情当作自己分内的事情来做。

如此一来，孩子的心中会萌生出一种责任感，而且会主动思考要以什么方式去完成任务。这些最终都会给孩子的学习成绩带来正面影响。

不过，当孩子主动做这些事的时候，希望你也可以主动对孩子说"爸爸也来帮忙"，父子共同去完成。如此，父子之间定然能够无话不谈，一起度过一个个短暂而又亲密的时间。

有趣和可爱

如果说促使男孩子进步的关键词是好奇心,那么对于女孩子来说,她们通常在意的就是自己是不是娇嫩如水,是不是漂亮,是不是可爱。

"我家的孩子是个爹宝,我说什么他(她)都不听,他(她)爸爸说什么他(她)都听。"

我经常会从那些考上开成中学和樱阴中学孩子们的母亲口中听到类似的话。

对于孩子来说,从早到晚不在家的父亲的身影是一种崭新的存在。

因此,当孩子有什么想表达,或者有什么想问的时候,即使母亲就在身边,大多数时候,孩子还是会等父亲回来。从某种方面来说,这种等待的时间对于孩子是既激动又期待的。

可想而知,等父亲回来以后,孩子对父亲表达的事情对于孩子来说具有多么重大的意义。

在这里,我推荐大家在做出反应的时候,对男孩要说"你好有趣啊",对女孩要说"你好可爱啊"。

因为孩子升到小学三四年级以后,男孩子身上会突然多很多"男孩子气",女孩子身上则会多很多"女孩子气"。

在这种情况下,能够直击孩子内心的话语,就是"有趣"和"可爱"了。

先来说男孩。

一般来说,男孩子都很顽皮,喜欢恶作剧,有些孩子甚至连一分钟都安静不下来。

日本著名教育环境设定顾问,同时还是超凡魅力教师的松永畅史氏,首次提出了"小鸡鸡的力量"这一观点,用来指代男孩的淘气劲。他认为男孩这种调皮的能力,才是男孩子应该有的样子,也是将来自主性、独立性、创造性和行动力的来源。

我觉得他说得非常对。男孩子总是本能地在心里不断想着"不知道有没有什么有趣的,或者可能有趣的事"并且以此为自己的行动基准。

对于这样的男孩子,"有趣"这个关键词十分有效。

可能有些男孩子感觉学习十分无聊,但是因为父亲的一句话,就让"无聊的东西""麻烦的东西"变成"能满足自己好奇心的东西""好像很有趣的东西"的例子比比皆是。

比如,如果孩子非常讨厌写汉字,那这时父亲可以说:

"汉字可是很有趣的哦。你看,只要在其他的汉字左边加上一个'鱼'字旁,那就会变成各种各样鱼的名字。像'鲑''鲭''鲹''鲷'……不信你自己试试看!"

有些孩子可能就会就此迷上汉字无法自拔。

再如，一个对星座完全不感兴趣的孩子，父亲对他说："出去走走吧？"，指着满天星空对孩子说："这是猎户座，那里闪着光的名字就叫参宿四，而那边的那颗就叫参宿七。因为它们的颜色是一红一白，所以又被称为平家星和源氏星。是不是很有趣啊"。自此以后孩子就变成了天体爱好者。

像这样，男孩子们每天都在不断寻找着各种"有趣的东西"，而来自父亲的一句"你好有趣"对男孩来说更像是一服特效药。

因此，希望不仅是在学习方面，在日常生活中，当男孩子埋头于某件需要动脑的事情，或者想出了什么稀奇古怪的妙招时，希望大家可以以一种肯定的语气告诉自己的孩子"你好有趣啊"。

如此一来，男孩子就会感觉得到了鼓励而自信心暴增，逐渐去开拓自己擅长的一些领域。

再来说女孩子。

对于女孩子来说，"你好可爱啊"则是绝对的特效药。仅通过"可爱"这一个词，女孩就能感受到来自父母的"有你在真好""你可是我的宝贝哦"等心意。

我在大学执教时教过的女学生里，有一些学生成绩十分优异，不过总感觉少了一些女性骨子里那种敏感细腻的感觉：感性认知迟钝、不会照顾人，从某方面来说，是缺少一些女性特有的魅力。

如此一来，这些学生即使学生时代的成绩再优异，可将来走向社会，或者为人母时，可能会比其他人过得更加辛苦一些。

为了避免让自己的孩子遭遇这种情况，希望大家可以从小学时代就不断地夸一夸自己的女儿"你好可爱啊"。

当女儿利落地把头发扎起来时、穿上新衣服时、诚实地回答了你的问话时，希望你可以毫不吝啬地夸赞一句"你真的好可爱啊"。

如果说促使男孩子进步的关键词是好奇心，那么对于女孩子来说，她们通常在意的就是自己是不是娇嫩如水，是不是漂亮，是不是可爱。

作为异性的父亲如果能够意识到这一点并且付诸行动，那么一定可以把自己的女儿培养成一个闪闪发光的新时代女性。

爸爸会永远支持你

"爸爸可是一直看着你长大的,以后也会的。""一定别忘了,爸爸会永远支持你的。"

那种平时与孩子接触的时间很少,但对于孩子的学习成绩十分上心的父亲的比例正在逐年上升。

近年来,电视或者杂志上经常出现一个词叫"爸爸力",大量的社会舆论也促使着"父亲参与孩子的教育"。因此,经常可以看到孩子中考当天的接送,新学年学校说明会的出席等,父亲参与的比例比母亲还要多的场景。

这类对孩子教育很上心的父亲,一般来说都是大学或者硕士、博士毕业,甚至旧帝国大学和早稻田、应庆等名校毕业的也不在少数。

虽然平时与孩子接触的时间较少,但是由于这些父亲自身就是高学历,所以说他们很容易陷入这样一种情况:仅仅在意孩子的学习成绩,一味地呵斥责问孩子。

"你爸爸我小的时候,算术还从来没考过'3分'呢,真是太丢我的脸了。"

"你这成绩(差得)我见都没见过,你真的好好学了吗?"

当孩子成绩通知书或模拟考试的成绩不理想的时候，这些父亲通常会像这样觉得自己大受打击，因而去责问孩子。

虽然我并不是不能理解这份心情，但是，请静下心来想一想吧，你为了挤出与孩子聊天的时间而拒绝了难得的同事间的聚餐，为了多一些家人团聚的时间而提高自己的工作效率来早点下班，最终却用这样宝贵的时间，使得父子双方都不愉快，值得吗？

对于孩子来说，他会产生像"爸爸平时一点也不管我，但是只要我成绩差他就会生气""我已经用自己的方式加油了，只不过这次并没有得到理想的结果。可是，爸爸一点都不理解我"这样的逆反心理。

接下来，我就给大家介绍一下某个家庭采取过的一些好方法。

一位大儿子考上首都圈首屈一指的高门槛学校——开成中学、涉谷教育学园幕张中学的父亲

"我是一位在职医生，所以平时上班的时间极其不规律。孩子的学习与生活方面平时都是我妻子以'线'的形式在打理，而我最多只能看到一些'点'的状态，所以我平时都会从妻子口中了解一下儿子最近的状态。因此，当孩子拿着一团糟的成绩单走到我面前时，我一般都会对他说：'你呀，最近肯定是太拼了，所以都没有时间睡觉吧？你要是睡好了，肯定能取得好成绩的，放平心态'，像这样主要说一些生活方面的话。"

一位二女儿同样也考上高门槛学校——女子学院中学、浦和明之星女子中学的父亲

"孩子学习成绩下降我当然担心啊,看她成绩下降的方式,有时候我还会大受打击呢。但是,如果她考得差的时候我还去指责她,那她肯定会更难受,所以我一般都会对她说:'你上次不是考得很好嘛。一直以来你的水平我是很清楚的,这次肯定是发挥失常了,我相信你没问题的',像这样冷静地鼓励她。"

这两位父亲身上的共同点是,他们并不会因为孩子一时的成绩浮动而对孩子流露出失望的言辞:

"爸爸可是一直看着你长大的,以后也会的。"

"一定别忘了,爸爸会永远支持你的。"

他们总是会给孩子这种爱的信号。

其实不仅仅是学习成绩方面,比如孩子在学校犯了什么事时,肯定会出现那种想要大声责问孩子"你到底干了一些什么事"的情况,但是那种时候我希望你可以对孩子说"你放心,我都知道""我会给你加油打气哦",像这样向孩子展现自己的态度。这样一来,你的身影将会在孩子的心里被放大,还能让孩子有一种"果然爸爸还是懂我"的感觉。

第二章

有效夸奖孩子的聊天魔法

夸奖能使孩子进步。

你也太棒了吧

> 对于一些重要的比赛，不管最终比赛结果如何，总之一定要大力夸奖他。

"教育孩子的 90% 应该是夸奖！"

我是在采访完那些考上首都圈名校孩子的家庭之后，才深刻地感受到了这一点。

我发现，那些孩子学习成绩突飞猛进的家庭都有一个共同点，那就是他们都有一个很会夸奖人的父亲。

有些家长，随口就会对小孩说一些"快去学习""你到底在干什么，你真是太没用了"等话语，孩子被如此批评以后，必然会感到沮丧伤心，内心从而产生逆反心理。

所以，想要激发孩子的潜力，让他们心生下次也要好好努力的最好办法，就是夸奖。

事实上，在那些孩子考上开成中学和麻布中学的家庭中，即使有些时候，孩子算术考试的成绩较差，家长依然会：

"你上次才考了 60 分，这次考的比上次还要好呢。"

像这样夸奖他们。

此外，当孩子画的作品当选附近的百货店举办的展览会的佳作奖时，父亲也会毫不吝啬地夸奖孩子："你也太棒了吧"，然后父亲与孩子之间的距离就会被拉近，一起沉浸在喜悦中。

即使这些父亲的内心可能想的是"你最少也要考个80分吧""最起码拿个银奖吧"。

因此，就算孩子自己亲口说出来"我只考了60分"，或者"不就是个佳作奖嘛"，你也要立即打消他这种念头，对他说："你可别搞错了"，告诉他："即使提升得不多，但也算是进步了。"，或者"你的作品可是从众多的作品当中被精心选出来的。"

接下来，大家不妨想象一下自己工作的场景。

比起每次被上司怒斥"你做的计划完全不行""你眼睛到底长在哪儿了"，像这样"这次比上次做得好多了。"进步的地方被人肯定，或者像这样"你干得很不错，辛苦了。"被人感谢时，是不是会让你在工作上会更有动力，更想要再接再厉呢？

人就是这样，一旦被人夸奖了，就会觉得"自己被人理解了""自己被人认同了"。因而就会努力去回应别人的这种评价，会继续努力做到更好，换句话说，"赞美可以使人成长"。

2008年2月举办的网球国际大赛，在美国德尔雷海滩国际选手权的争夺赛中，锦织圭选手拔得头筹，一举获得了"网球王子"等称号。这位选手的父亲清志先生，就众所周知地主张**夸奖能够使孩子进步**。

在锦织圭选手还是个孩子的时候，他的父亲就很清楚他的性格：如果冲他发怒，那么他就会如同惊弓之鸟，异常害怕。

所以，父亲在教育锦织圭的时候经常采用一些其他的办法。比如他和大他4岁的姐姐吵架以后，父亲会去批评姐姐而不是他，这样锦织圭看到姐姐被骂了，反而会更加深刻地检讨自己的所作所为。

此外，"对于一些重要的比赛，不管最终比赛结果如何，总之一定要大力夸奖他"，清志先生在接受媒体采访时如是说道。

就这样，一位与世界顶尖选手分庭抗礼的天才选手，在他父母的这种"不批评教育""通过夸奖来培养孩子"的教育方式下，诞生了。

不管是学习方面还是运动方面，孩子只要受到夸奖就会进步。因此，从现在开始也不算晚，希望大家不妨试一试这样的教育方式。接下来为大家列出几点这种教育方式的要点：

▲只要有一点点进步就要夸奖。

比如在写汉字的考试中，孩子上次考了全班第十，这次考了全班第九，那就请大声对孩子说："你排名提升了一名啊，真是太厉害了。"

或者孩子经常睡过头，但是偶尔有一天不用父母叫自己就起床的时候，要果断地告诉他："你太棒了！"。

▲夸张地夸奖。

在夸奖孩子的时候，我希望你能表现得十分夸张。即使孩子仅仅是偏差值（偏差值是指相对平均值的偏差数值，是日本人对于学生智能、学力的一项计算公式值——译者注）从"45"提升到了"46"，如果能够夸大其词地对他进行一通夸奖，那么孩子的心里有很大的可能会想"下次一定要提升到47，不对我要升到50。"

当女儿亲手为自己做了一顿饭，或者父亲节时亲手做了巧克力给自己尝时，我希望你能像电视里的美食节目中播的那样，给出"这也太好吃了吧，我简直是打开了幸福的宝箱啊"这样的反应。

▲用简短的话夸奖后紧紧抱住孩子。

一些父亲可能嘴很笨，或者很害羞，不知道如何用语言来夸奖孩子。这种时候，我的推荐是使用一些简短的话语即可。一些像"太好了！""好厉害！""很出色！""简直是天才！"等短语就足够了。然后只要紧紧抱住自己的孩子就好了。

"一日三夸"

作为父亲,你要做的就是对孩子宽容大方,并且丝毫不吝啬自己对孩子的夸奖。

对于孩子来说,一般会觉得自己的父亲还是母亲爱唠叨呢?让我们通过下面的数据来了解一下。

日本内阁府"关于青少年的生活和意识的调查"(2007年3月的调查结果)。

▲请问你觉得自己的父亲爱唠叨吗?
・觉得　　　　13.4%
　不太觉得　　21.3%

▲请问你觉得自己的母亲爱唠叨吗?
・觉得　　　　20.8%
　不太觉得　　29.1%

不出所料,在大部分孩子的心里,还是觉得与他们每天接触时间较长的母亲比较爱唠叨。

相信这种场面在许多家庭中都曾经上演过:母亲一刻不停歇地向孩子絮叨"你今天有没有好好刷牙?""你作业做完了吗?""你明天要带去学校的东西整理好了吗?"。

大部分时候，孩子可能正好想着"差不多到时间刷牙了""是时候写作业了""该确认一下书包里明天要带的东西了"，但是这些都被母亲抢先说了出来，所以孩子只要赌气地回一句"我知道啦"。

事实上不仅如此，十分在意孩子的学习成绩，以高压政策强制孩子学习等，做这些事情比较多的一般都是母亲。并且在那些考上名校的孩子的家庭中，十有八九都是这种情况。

而如果在这种环境中，连父亲也跟着一起严厉指责孩子的话，请试想一下情况会变成什么样呢？没错，孩子将会变得无路可逃。

▲早上，如果孩子不用人叫自己按时起床的时候，可以对孩子说："早，你很棒啊，可以自己按时起床了。"

▲晚上吃完饭后，如果孩子自己主动收拾碗筷，可以对孩子说："你现在也变成一个大哥哥了嘛，知道自己的东西要自己收拾了，真棒。"

▲如果看到孩子在家大声朗读课文，并且还能准确无误地朗读完成，就可以对孩子说："你的朗读水平很高嘛，真不愧是我的孩子！。"

就算平时与孩子接触的时间不多，我希望大家也可以像这样毫不吝啬地去夸奖自己的孩子。

阅读本书的读者当中，可能会有人说："我的小孩一天之中就没有三个地方能让我夸"，但是，即使孩子的考试成绩不太理想，也可以这样说："你能做到这种程度已经非常不容易了。争取下次考试可以再进步5分。"

即使孩子和自己的玩伴吵架了，回到家中也可以对他说：

"通过这次的事情你应该学到了'己所不欲勿施于人'的这个道理吧？那就很不错了！"

如果说在生活和学习方面对孩子严加管教的一般都是母亲，那么作为父亲，你要做的就是对孩子宽容大方，并且丝毫不吝啬自己对孩子的夸奖。

如此一来，孩子会觉得每次与父亲待在一起的时光都很悠闲自在。对于父亲来说，夸奖别人这件事同样会使自己的心情变得愉悦，而且还能平缓些许工作上的疲惫，将在家中的时间完美变成自己明天上班的动力。

用正确的方式鼓舞孩子

来自父亲夸赞的话和鼓励是孩子萌生自信的源泉，往往能给孩子带来无限的力量。

有些孩子在中考时能够考出超常发挥的好成绩。明明在学校组织的模拟考试中，偏差值只能达到50~55的程度，在正式考试中却可以考出偏差值60以上的好成绩。换句话说就是抱着试一试的心态去考，结果一举考上了。

究其原因，原来是父亲对孩子的鼓舞起了效果。

有一位父亲，他的儿子由于经常参加运动会等大型活动，所以平时没有太多的时间学习。在一次模拟考试中发挥极差，老师都说这个孩子肯定考不上他的志愿学校——东京有名的高门槛中学。可最终结果出人意料——这孩子考上了。

这位父亲是这样鼓舞自己的孩子的：

"真正考试的时候你的实力是很强的，模拟考试的结果再怎么样那也只不过是模拟考试而已，像这种一战定胜负的真正的考试，你肯定能取得好成绩。"

另一位父亲，他的女儿报考的是大学附属学校，他就在日常暗示自己的女儿：

"二月一日考试当天有很多其他的名校也是在那一天举办考试，所以那些顶流的考生肯定会被分流到其他的学校去。他们都不在了，那你考这个学校还不是手到擒来嘛。"

最后，这位女儿一举考上了人气很旺的早稻田实业学校中学部。

这样的例子还有很多，还有一位父亲一早就知道自己的孩子在正式考试之前会紧张，所以从考试的一个月之前开始就会一直给孩子打气："你要考的学校每年的录取率都是30%吧？这么多考生，每三个人里肯定会有一个人成绩比你差，也就是说你只要再考过一个人就能考上了。"

像这样用一些正面的思考方式来鼓舞孩子。最终，孩子考上了甲阳学院中学等两所关西名校。这两所学校都是当时学校的老师判断这个孩子"应该考不上……"的学校。

可想而知，父亲用鼓舞的方式来调整孩子的心理状态这件事情的分量到底有多重。要说起来，那些毫无根据的话不过是吹牛或者加油打气而已，但有的时候，正是这样的吹牛和加油打气能够收获奇效。

这种情况不仅仅适用于考试，像少年棒球大赛或者钢琴发表会等也同样如此。

"如果是你的话，肯定能够打到球。我觉得你这次比赛绝对可以获胜。"

"你今天的表情很自信哦，我觉得你肯定能够用超高水平演奏到最后。"

这样的话语，最终都会带来意想不到的好结果。

这些话其实和"要是你的话肯定能行""除了你没人能

办到"等效果是一样的。

对于父亲来说，即使没有加上"能行"这样的话语，孩子们受到这样的鼓舞也会不可思议地变得很安心，他们会想到"这样啊，那我说不定能行""可能真的只有我能办到"。

日本有句谚语翻译成中文叫作"拍马奉承猪也上树"，话糙理不糙，来自父亲夸赞的话和鼓励是孩子萌生自信的源泉，往往能给孩子带来无限的力量。

我曾经访问发表过大量的关于孩子考试著作同时也是日本知名的精神科医生的和田秀树先生，据他的话说，那些考上全国首屈一指的高门槛学校的孩子当中，有许多都是在小学六年中学习成绩比较靠后，但是其父亲是医生或者老师的例子。

也就是说，这些孩子的家庭殷实、生活富裕，"就算考不上知名大学，生活也不会因此受到困扰"。

然而，我采访过的那些初、高中连读学校的有关人员指出，越是家庭富裕的孩子，在从中学入学以后到考大学的这段时间里，在父母未察觉之时，他们的学习成绩会逐渐掉队。

"我们家很有钱，所以孩子不必为生活感到困扰。将来我们的财产肯定是要给孩子的。"

我认为，也许这些家长像上述这样的态度，正是孩子掉队的导火索。

让我们再回到刚才和田秀树先生的事情上，和田先生有两位女儿，据说他经常对自己的女儿们说：

"我的财产不会分给自己的孩子，你们今后要靠自己的力量去生存。"

我认为，这种想法不仅仅适用于生活富裕的家庭，对于像我家这种一般家庭也同样有效。

如果是生活富裕的家庭，那就必须要让孩子知道"我们家的财产不会分给你，你必须要靠自己的力量去生存"。

另外，如果并非十分富裕的家庭，可以根据孩子的性格和当时的场景来这样表达：

"我们家的情况没法让你去上私立学校，所以你只能靠自己的实力去考国立、公立学校，好好学习吧！"

给予孩子危机感，有时候还可以像这样：

"不要担心，如果你是真的打算要考的话，那我们会竭尽所有来支持你。"

给孩子打一剂强心针。

让孩子自己思考

"你觉得你哪里做得好？"

"你觉得你为什么可以获得这样的好结果？"

大家在夸奖自己孩子的时候，我希望能够使用那些可以关联到下一个阶段的这种夸奖方式。

原因就是，像成绩单上的成绩上涨，或者运动会的竞走比赛获得了第一名等事情，再怎么说也不过是一时的，有些可能还是偶然的结果。

我认为，想要培养出聪明的孩子，在日常生活中需要让孩子懂得自己去思考问题，所以我希望大家在夸奖孩子的时候也可以把这个想法应用到其中。

在之前的小节里，已经为大家讲述了父亲夸奖孩子的要点，和要进行一日三夸等事项，比这些方法还要有效的，那就是像下面这样询问孩子：

"你觉得你哪里做得好？"

"你觉得你为什么可以获得这样的好结果？"

让孩子自己去思考这些事情的原因。

"你觉得为什么你主要科目的成绩都能得到'优秀'？"

"你的比赛对手里有速度非常快的孩子,你觉得最终获得第一的为什么是你?"

只要像这样轻声询问孩子就好。如此一来,孩子就会开始自己的分析。

比如,成绩单,孩子可能会这样回答:

"因为算术和语文的考试题目很难,但是我没有放弃做到了最后。"

"因为我每天不管玩到多晚,都会抽点时间出来做一做习题集。"

这时,父亲就可以这样:

"嗯,确实,永不放弃的精神是十分重要的。"

"果然每天坚持做一点,最后就能收获好结果呀。"

尊重孩子做出回答的同时,还能教育孩子"不放弃""坚持不懈地努力"的重要性。

如果孩子思考良久都说不知道原因,那很有可能这次的结果仅仅是偶然,所以只需要:

"那为了下次考试也能获得这样的好成绩,从现在开始就每天勤加复习和练习好不好?"

像这样鼓励孩子就好。

如果是运动会的场景,那么有可能会从孩子嘴中得到这样的答案:

"因为我自己在家旁边的公园练习过起跑的姿势。"

"因为我为了在最后一个转弯能够发力,前半部分保留了实力。"

这时候父亲可以这样:

"确实,不管任何事情,起跑都是十分重要的。原来你经常自己一个人训练啊,肯定是你的这种努力打动了上天。"

"一开始就全力冲刺,到后面肯定就后劲不足了,原来是你的作战计划让你赢了。"

不管孩子说什么,都顺着孩子说的话稍微拓展一下就好。

批评孩子的时候也是一样,让孩子自己去思考自己到底哪里做得不好。

不是像这样"早上好你都不会说了吗",而是像这样"你觉得为什么'早上好'这样的打招呼是必须的呢"去询问孩子。

即使不分青红皂白地批评孩子,也无法关联到下一个阶段,最后孩子只会重复同样的失败。所以作为家长,需要用让孩子今后能够得以改善的批评方式来指引孩子往好的方向发展。

你比爸爸厉害多了

> 哇，你好棒啊，干得太漂亮了。爸爸像你这么大的时候，成绩完全比不上你。

我之前提到了教育孩子 90% 应该是夸奖。如果换一个激进点的表达方式，那就是家长要发现孩子身上各种各样的可能性，然后往上面浇油点火。

到目前为止，我告诉大家要去夸奖孩子做得好的地方，要让孩子自己去思考等。这一小节，我要说的是，如何通过树立孩子自尊心的方法，来调动孩子的积极性。

其中最好的办法，就是父亲拿自己来和孩子做比较。

如同我刚才提到的，一些高学历的或者在一流企业工作的精英父亲，与自己优秀的学生时代相比，自己的孩子可能比不上自己，所以有些父亲甚至会因此对孩子说一些伤人的话。

然而，在孩子面前，再怎么强调"爸爸还是学生的时候比你可优秀多了"这件事，也完全不可能给孩子带来任何正面效果。

反而还会打击到孩子的自信心，让孩子产生"就算我再怎么努力也达不到爸爸那种高度"的错觉，大部分情况下都会给孩子带来负面效果。

为了不让这种事情发生，父亲就算过去再怎么光芒四射，也应该对孩子说："你比爸爸厉害多了。"

我家里的情况是，我女儿时不时地会问我："爸爸你那个时候是怎么样的？"想要以此来和我年轻的时候做比较。我想大家的家庭里也或多或少会出现这种情况。

比如当女儿拿着一份傲人的成绩单，得意洋洋地来问你"爸爸，你小学时代成绩怎么样？"的情况。

或者，当孩子在学校的运动会取得了竞走比赛第一名时，跑来问你"爸爸以前参加过运动会吗？"的情况。

其实此时孩子的心底想说的是："怎么样？我很厉害吧？是不是比爸爸小时候还要厉害呀？"。但如果此时我只是冷淡地回答道：

"你这次考得很好嘛，不过我小时候的成绩更加优秀哦。"

"祝贺你拿了第一名，但是爸爸像你这么大的时候速度比你还要快哦。"

那么女儿肯定会大失所望，几经努力才取得的好成绩和拼尽全力才取得的一等奖奖状也会显得黯然失色。

这种情况下，身为父亲请你能够像下面这样回答自己的孩子：

"哇，你好棒啊，干得太漂亮了。爸爸像你这么大的时候，成绩完全比不上你。"

"祝贺你拿了第一名，最后那个弯道的加速真是太出色了。爸爸小时候也拿过一等奖，但是速度完全没你那么快。

我要是跟你一起比赛肯定会输给你。"

"你真的是太棒了，在那么大的舞台上居然还能那么冷静。这一点爸爸真的是完全比不过你。"

"你真的很努力了，虽然这次没有得到好的结果，可能比较遗憾，但是你还是很棒，要是爸爸的话，估计可能早就放弃了。"

像这样，不管最终结果是好还是坏，只要是孩子通过努力所得到的结果，作为父亲的你都可以把自己的过去当作调侃，来鼓励自己的孩子。

如此一来，孩子积极性的导火索就会被点燃。一旦孩子的积极性被点燃，他（她）就会变得更强大，今后也会被培养得更加聪明。

用具体细节夸奖孩子

> 我的父母经常会对我说"声音很洪亮"，
> 或者"你努力的劲头很足"等，像这样具体地
> 夸奖我。

自从担任教育问题的采访业务后，我经常会向通过节目认识的文化工作者或者企业家们问这样一个问题："请问您的父母是如何教育您的？"。

他们的回答往往有一个共同之处，那就是"比起挨骂，父母夸奖我的情况比较多"。

还有一点，那就是绝大多数的父母，都不会含糊其词，而是"会具体地夸奖自己'你这个地方做得很棒'"。

某位女性企业家甚至还说过下面这番话：

"我的父母经常会对我说'声音很洪亮'，或者'你努力的劲头很足'等，像这样具体地夸奖我。让我深切感受到了只要人活着就一定需要，并且无须任何特殊的能力就可以拥有的'精神、勇气、干劲'的重要性。我觉得这是我现在能够获得成功的最大的因素。"

可想而知，夸奖孩子，并且具体地夸奖孩子这件事，对

于孩子的健康成长是十分有帮助的。

接下来希望大家和我一起来看一个例子。

A和B两种场景都是在夸奖孩子，请你站在孩子的立场上考虑一下，如果你是孩子，你会希望用哪种方式夸奖。

A"我听你妈说你这次考试成绩又提高了，你真是太棒了。下次考试也要加油哦。"

B"我听你妈说你这次考试成绩又提高了，这肯定是因为你每天早上不畏寒冷地早起，坚持做一些算术和汉字的练习题。爸爸觉得你这种坚持十分难能可贵。"

比起A来说，B的话语更能够让孩子感受到"原来我的努力爸爸都看在眼里"这件事。

还能够让孩子确信"原来每天早起努力这件事是对的"。此后，就算父母不特意要求什么，孩子大概率也能养成早起的好习惯。

其他像这样的例子还有很多，我们再来看一看。

▲"虽然对于你成绩有所提高这件事我觉得你很棒，不过我最开心的还是看到你试卷上写的字变得比以前更加漂亮了。果然只要你一用心，字也写得漂亮了，学习成绩也上去了。"

▲"你最近是不是弹钢琴的水平又上升了？爸爸听你弹的音乐觉得十分顺畅，感觉你弹得很用心。"

▲"你打棒球的水平有所上升啊，爸爸之前看到你都能够直接正面接球了，感觉你真是太棒了。"

像这样，具体地夸奖孩子"这个地方很棒"，可以很有效地调动孩子的积极性。

当被告知"能够以温柔的姿态对待每一个需要帮助的人是十分难能可贵的"时,孩子就会想到"确实如此,我应该要去帮助那些需要帮助的人"。

当被父亲夸赞"我觉得你那样开朗的表情真的很棒"时,孩子就会想到"原来如此,那我要注意时刻以微笑示人"。

之后,孩子就会把这些地方视作是自己的优点逐渐下意识去培养,而这些都将成为在他们以后人生中宝贵的财富。反之,在批评孩子缺点时候的要领也是一样。

▲当孩子学习成绩下降时……"你这样可不行,必须更加加紧学习了"→"你这次考试比起上次来说,计算方面的问题有了很大的进步。不过图形方面的问题好像还有所欠缺,这周日我们来一起探讨一下吧?"

▲当孩子被取消了足球队的首发队员资格时……"看来你要更加努力练习才行了"→"真是太可惜了。但是我看你运球变得厉害了许多,所以只要在防守上再下点功夫,之后肯定可以再回到首发名单的。"

如果仅仅是像"你这样可不行""你到底在做什么啊,真是的"这样批评孩子,孩子容易全盘否定此前自己做过的努力。

因此,我希望大家比起批评孩子,倒不如具体指导孩子到底哪儿做得不好,今后应该如何改进等,通过这种方式来帮助孩子一起成长。

你已经很棒了

> 身为父亲，应该下功夫去寻找自家孩子身上的闪光点，并让这些闪光点得以发扬光大。

"我们家的孩子，模拟考试的偏差值只有50左右，再这样下去，肯定考不上那些名校了吧。"

自从我出版了一本关于中学考试的著作以后，经常会收到来自公司同事或朋友像这样关于到底让孩子考私立中学还是国立中学的咨询。

我具体一问他们，孩子的志愿大致都是那些首都圈首屈一指的高门槛中学、男子女子三大名校，或者是一些高门槛大学的附属中学等。

确实，在一些大规模的学校开展的模拟考试中，如果偏差值只有50，那么想要考上上述学校多少有些困难。

然而，每次我都会对这样问我的人说：

"中学考试并不等于所有，更何况孩子的偏差值能够达到50就已经很棒了。"

就我现在工作的媒体部门来说，那些早稻田大学或者应庆大学出身的高材生被扫地出门的比比皆是，即便是那些以东京大学为首的名门大学、一桥大学和上智大学等高门槛大学出身的人也多如牛毛。

这种情况在中央省厅和那些大型金融机构也同样如此。而如果父亲自己在这种单位工作，那么往往会像我在之前提到的那样，要求自己的孩子也能够有和自己相同水准的偏差值。

"当我还是学生的时候，从没有考过50这么低的偏差值，我们家的孩子没问题吧。"

甚至有许多家长还会像这样感到焦虑和愤怒。

我觉得，这种想法是大错特错。

以首都圈为例，每年大约有30万的小学六年级学生，其中只有排名靠前的两成左右的学生会去接受中学考试（日本的中学分国立、公立、私立三种。大部分公立中学根据学生家庭住址"划片直升"，不举行考试。但私立、国立和部分公立中学是选拔制学校，要进入这些学校，就要参加"学测""体测"选拔，竞争十分激烈——译者注）。

而在模拟考试中，孩子能够取得代表正中间名次的50偏差值的成绩，从整体来看，这就是孩子拥有顶级水准学习能力的证据。

关西圈的情况也同样如此。因此，在得知孩子获得偏差值50的成绩之后，倒不如觉得"我们家孩子太棒了"，大可以对孩子的未来充满期待。

如果反而觉得"我们家孩子不行""再这样下去孩子将来会一片黑暗"，我认为不仅对孩子，对父亲本人来说也是一种不幸。

英语的"education"被翻译成为教育,其本来的意思就是"挖掘人的能力"。

如此想来,比起因为偏差值只有50而感到悲观,父亲应该拥有"我们家孩子处于顶尖水平"这般的自信。身为父亲,应该下功夫去寻找自家孩子身上的闪光点,并让这些闪光点得以发扬光大。

其实对于那些在中学考试中考上开成中学或者滩中学的孩子,在经历过初中高中的6年时间以后,未必就一定能考上东京大学或者京都大学。倒不如说应届的合格人员甚至连总人数的一半都不到,复读一年、两年的人也屡见不鲜。

反之,从那些在中学考试中偏差值低于开成中学或者滩中学分数线的学校中,也有不少考上东京大学和京都大学的孩子。应届就考上的例子也是比比皆是。

换句话说,这些年被人们炒得火热的中学考试,对于孩子们来说不过是一个成长的过程而已。即使这次失败了,之后依旧还有6年的时间用来逆转。

我十分理解那些既然让孩子接受考试,就希望孩子能够考上偏差值尽量高的学校的家长的心情。但是,如果孩子仅仅是一次模拟考试没有考好,家长就批评孩子"真是难为情",或者"你如果不学习的话,以后我就不管你了"这种事情实在是无法容忍。

至今为止,我已经见过许许多多这样的例子了:在决定接受中学考试之前,学习成绩十分优秀的孩子,自从进入高门槛中学学习以后成绩就一落千丈。

究其原因,就是有太多的父母过于在意孩子的学习成绩,仿佛以要求自己的水准来过度要求孩子。

不可否认，偏差值高于 60 的孩子学习能力十分强大，考上高门槛中学的概率也确实比较大。

可是，正如同我刚才所说，偏差值 50 也是一个十分傲人的成绩。即使只有 45，从整体来看也处于上游水平。更何况，一个中学考试也并非孩子人生的终点。

"我们家的孩子很棒，只不过可能是那种大器晚成的类型。"

"虽说中学考试可能来不及了，但是只要把孩子培养成全能型的人才就好了。"

只要大家都能以这种方式去思考，那我相信因为考试的偏差值低就对孩子破口大骂的事情必然不会再出现。自己也能因此和颜悦色地对待孩子，减少批评，增加夸奖。

当孩子对你撒谎时

> 留给孩子一个"爸爸其实什么都知道"的印象十分重要。

在日本奈良县田原本町地医生住宅中曾发生了一起放火杀人事件。该事件的犯人是关西圈首屈一指的顶尖名校的16岁学生,这件事让全国的父母震惊不已,一时间引发了社会上的热议至今使我记忆犹新。

"期中考试英语Ⅰ的成绩比班级平均分低了20分,如果被父亲知道了不知道该怎么办……"

据犯人亲口交代,导致他犯下如此弥天大祸的,竟然是这个原因。

这起事件中,该父亲拥有让孩子长大以后当医生的强烈愿望,常年对孩子有拳打脚踢的行为。儿子受到父亲该行为的影响导致心里压抑、扭曲,最终酿成悲剧。虽说这是一个极端的事例,但事实上,拥有类似这样想法的孩子并不在少数:

"这次考试考得好差,不想让父母知道这件事。"

"在学校和同学打架了,万一老师告诉家长了那可就糟了。"

即使是那些在上小学低年级时，可以毫不隐瞒诚实地报告给父母的孩子们，在升入高年级以后，也会因为各种各样的原因，逐渐变得开始隐瞒一些对自己不利的事情。

其中较为严重的例子就是，将发回来的试卷撕碎扔进厕所冲掉；或者和同学对好口供，打算隐瞒一些已经发生了的事情。

其实，无论是哪种例子，我认为，孩子之所以会这样去撒谎，其原因一定是在他（她）父母的身上。毫无疑问，其中不乏一些让孩子感到恐惧的父亲。

接下来请大家想象一下下面这样的场景：你的妻子从家中的垃圾桶中发现了孩子扔掉的考试试卷后立刻过来跟你说："你快去教育一下孩子。"

这种时候，希望大家一定不要对孩子大吼大叫道"你为什么要隐瞒"。诸如在孩子的面前把孩子扔掉的考试试卷展开，询问孩子"这是什么东西？"这样也并非一个很好的办法。

因为如果这样做，即使当时孩子会哭着道歉"爸爸、妈妈，对不起"，有很大的可能性下次还会采用其他更加高明的手法来撒谎。

特别是那种当孩子考得好的时候家庭氛围其乐融融，当孩子考得差的时候就被批评"快去学习，否则以后考不上好学校了"的家庭环境，孩子更有可能会往不好的方向发展。

考虑到上述这些情况，当发现孩子撒谎的时候，身为父亲，更加应该心平气和地对待孩子。此外，留给孩子一个"爸爸其实什么都知道"的印象也十分重要。比如，可以像这样：

▲"上次考试是不是好难啊，你妈妈从小A她妈妈那里

都听说了。大家肯定考得都不好，巴不得把试卷都扔了吧？"

▲"你今天的表情很奇怪哦。让我来猜一猜到底发生了什么事，爸爸可是很快就能猜到的哦。"

对于大人来说，这些方法好像有些"钓鱼执法"的味道，但是对于一般的孩子来说，他们会觉得"再怎么隐瞒也会被发现""我父母什么都知道"。

于是，很有可能孩子自己就会如实交代"其实我也很不甘心地把试卷给扔掉了""我今天和Ａ君打架结果被老师罚站了"这些事情。

这时候，一定要注意不要使用过于强硬的语气，而是要以"你能如实告诉我这件事我很开心，不过以后可不许再发生扔卷子这种事了""打架打得被罚站那可有点太调皮了吧"这样的语气来为这件事画上句号。

听听孩子说的话

> 在批评孩子之前先听听孩子自己有什么想法。

如果家长意气用事地一味批评孩子,那么孩子必然会缩手缩脚,大多数情况都会保持沉默。比如上一小节中提到的考试分数的问题,因为家长看到孩子考得差就批评,所以孩子今后就会养成撒谎的坏习惯。

即使是那些顺利考上高门槛的私立或国立中学的孩子们,在过去备考的数年里,也有数次希望考试结果永远不会被别人知道的情况。

当被我问到孩子会不会撒谎的时候,几乎每一位家长都会说"我们家孩子肯定没问题",对自己的孩子过分自信,有时还会过度鼓励。

而当我和这些家长们进行更加深入交流以后会发现,那些能够和孩子一起克服一个个危机,最终让孩子考上志愿学校的家庭里,他们的共同点是有一位"善于倾听的父亲"。

接下来就为大家介绍几个具体的例子。

大女儿考上樱荫中学、丰岛冈女子学园中学、荣东中学的父亲

"当孩子在学校的考试或者模拟考试没考好时我肯定担心。如果是孩子明显那段时间没有努力的话，我心里甚至会想'这孩子到底在干什么啊'。但是我心里清楚，比起对孩子一通乱骂来说，还是应该耐心地询问孩子到底是哪儿出了问题，什么地方做错了，相对于结果来说应该更加重视导致这种结果的原因。'失败乃成功之母'这句话虽然已经不是什么新鲜的概念了，但是当孩子考试没考好时，如果可以和孩子一起分析并掌握她自己的薄弱环节，那么下次考试一定会有所进步。对于孩子来说，我认为让她用自己的话来自我分析考试没考好的原因也是一个不错的方法。"

大儿子考上海诚中学、巢鸭中学、西武学园文理中学的父亲

"在我家，不管什么事情都坚持做到'批评之前先听听孩子怎么讲'。如此一来，有时候听孩子自己编出来的逻辑不通的道理，或者看到他那种拼命为自己开脱的样子，我就会想'这家伙虽然还是个小孩，但是居然能够这么拼命地罗列出这么多的道理'，有时候怒火瞬间就被浇灭，甚至还会被他给逗笑了。其实不管是在什么家庭里，父母肯定会在不知不觉中就开始紧逼孩子'快去学习'，但是我觉得最起码要先听听孩子是怎么说的。说不定他在为自己辩解的过程中自己就发现说的话前后矛盾，转而像'爸爸，对不起，我错了'这样低头认错呢。"

看完以上两个例子不难发现，这两位父亲的共同特点是在批评孩子之前先听听孩子自己有什么想法。

我觉得，这与最近被认为是实业家之间保持良好的人际关系的关键词有着异曲同工之妙，如"芦笋（取 Ask、Parallel、Gas 三者开头的发音，组成的日语单词读音意为芦笋——译者注）"：（Ask＝类似事情发生的时候，先问问孩子的看法；Parallel＝站在孩子的角度想一想；Gas＝适当降压）。

如果希望增加父子之间的对话，巩固你们之间的信赖关系，那么不妨在打算批评孩子之前，先问问他"你觉得事情为什么会变成这样？""你觉得你当时应该怎么做才对？"，听听孩子自己会怎么说。

在企业界，有能力的上司一般都是这样批评下属的："先听他说一说到底哪儿做得不好，让他思考一下当时应该怎么做才好"→"给他一个作为过来人的建议"→"再用一些表扬或鼓励的话来帮他重拾自信。"请大家不妨尝试着将这个流程应用到自己的家庭之中。

将表扬进行到底

> 与其批评孩子做得不好的地方,不如去夸奖孩子做得好的地方;与其去寻找孩子的缺点,不如努力去发掘孩子的优点。

在日本东京都内,有一所公立的中学经常会组织开展那种能够磨炼学生的思考能力和表现力,将所学的知识转化为智慧的课程。

株式会社出身的该校前任校长藤原和博先生主张开办的名为"世间万象"的课程,使得这所学校享誉全国。

这所学校会向学生们开放校长办公室、会在孩子们放学以后实施一些拓展性的英语授课。最近还与升学率很高的私立学校一起导入了"晚自习"的授课,一扫以往人们对公立学校刻板的印象。

先不管"晚自习"的开展到底是好还是坏,在采访过程中让我觉得十分感动的是,藤原先生亲自授课的那门叫作"世间万象"的课程:他在课上采用的就是将表扬学生进行到底的方法。

"世间万象",是从政治、经济、现代社会学、时事等各个领域中，挑选出与大家息息相关的一些主题，引发学生们去思考的一门课程。不管学生的发言内容再怎么离谱，发言完毕后藤原先生都会告诉全体学生"好，掌声鼓励"来为发言者鼓掌。

毫无疑问，在众多学生中，肯定有那种内向的学生，有比较害羞、不敢在人前大声说话的学生，还有那种厘不清自己的论点，乱说一通的学生。

但是，藤原先生每次都会像"看得出来你花了很多心思来思考这个问题嘛""你这个看问题的角度确实十分重要"这样，毫不吝啬地大声表扬学生，这些赞扬的声音宛若一道明亮而又温暖的光芒，照亮了那些小心翼翼鼓起勇气举手发言学生的面庞。

对于这些勇于发言的学生来说，经常收获这种经验可以为他们带来自信，会让他们觉得"那我下次也要把自己想到的东西大声表达出来"。

我希望大家也可以把这种方法运用到自己的家庭中。

在日常生活中，经常会有那种家长朝自己家有些畏畏缩缩的孩子怒吼："我一看你就不行""你可真是太蠢了"，有时甚至会去否定孩子的人格。我十分反对这种教育方式，完全不会给孩子带来任何正面的影响。

接下来，就来为大家介绍一下，以藤原前任校长为首的教育人员是怎么说的。

每当想要严厉批评孩子的时候，身为父亲到底应该怎么做

▲首先，父亲要把握好自己的精神状况。

如果自己因为在职场碰上了不顺心的事，或者和妻子吵架的原因，陷入了一种焦躁不安的状态，那么，在批评孩子之前，请务必要暂缓片刻。

▲否定孩子人格的批评方法不可取。

"没用的东西""你真是个笨蛋""你真是蠢到家了""你这样不配当我的孩子""你肯定不行吧"，类似这样的话语是绝对要禁止的。

比如，如果发现孩子吃完饭之后没有刷牙，那么只需要让他注意这一点就好了，没有必要用"没用的东西""笨蛋玩意儿"这样的话语来给孩子造成心理上的创伤。

▲不要拿孩子和他（她）的兄弟姐妹做比较。

"你哥哥都能办到，为什么到你这里就……"，如果像这样批评孩子，那么孩子很有可能会自暴自弃道："反正我就是不行。"甚至可能发展到对自己的哥哥，和表扬哥哥的父母都怀恨在心。

▲不要对孩子放任不管。

有一部分的父亲在和孩子一来一回的吵架中，经常会说出"你爱怎样就怎样吧"这样的话。孩子听到这种话时，必然会产生"我爸爸不爱我""没有人愿意爱护我"这样的感受。

▲不要总是在一些琐碎的事情上责备孩子。

对于孩子来说，家里有一个人（母亲）唠叨这些琐碎的事情就已经足够了。所以身为父亲，必须要在这方面对孩子展现一定的宽容。

有些孩子"虽然有些畏首畏尾，但是对人友善"，还有些孩子"虽然算术学得不怎么样，但是十分擅长体育"，无论是谁都会有优点和缺点。

对于这些孩子,如果你只想到他们"虽然对人友善,但是却很畏首畏尾""虽然很擅长体育,但是主要科目的算术却完全不行",就很容易陷入一种恶性循环中。所以,如果想要把自家孩子培养成聪明的孩子,那么与其批评孩子做得不好的地方,不如去夸奖孩子做得好的地方;与其去寻找孩子的缺点,不如努力去发掘孩子的优点。

不妨试试与孩子来个约定

"希望提高孩子的学习成绩"这件事,是天下所有父母都期望的。但即便如此,也不应该让孩子放弃自己倾注心血的那些兴趣爱好。

近年来,越来越多的父母为了锻炼孩子的身体素质,让孩子参加附近的棒球队或者足球队;为了陶冶孩子的情操,让孩子从小开始就学习弹钢琴、拉小提琴或者参加绘画等艺术相关的课程。

我的女儿也曾加入了迷你篮球队,每周六都会去进行相关练习或者参加区域大赛。平日里她还要学习弹钢琴。

像这样,在如今这个时代,特别是在一些大都市里,除了让孩子去机构学习外,还同时给孩子报一些运动相关或者艺术相关的学习班的事情已经变得见怪不怪了。

然而现实中,一旦孩子在学校的成绩有所下降,或者到了五六年级,一些国立、公立、私立中学考试迫在眉睫的时候,不管是棒球、足球,还是钢琴、小提琴,绝大多数的父母都会让孩子放弃掉这些兴趣爱好。

"你语文和算术成绩都有所下降……赶紧放弃踢球吧。"

"你考成这样,什么学校都考不上。钢琴暂时给你没收了。"

虽然我十分理解这些父母心急如焚的心情,但是如果对孩子说这些话,必然会起一些反效果。

2004年6月,日本长崎县佐世保市发生的一起小学六年级学生杀害同学的事件震惊了全世界。犯人是一名少女,根据事后调查得知,当时她的父亲勒令她立即放弃投入多年心血的迷你篮球,努力学习。

虽说这只是一个极端的例子,但是如果仅仅以妨碍学习为由,就让孩子放弃那些苦心经营多年的兴趣爱好,会给孩子带来巨大的心理压力,同时还十分有可能让孩子产生一种逆反心理。

"反正我们家孩子以后又没有打算成为职业选手或者钢琴家。低学年的时候,因为觉得孩子可能需要培养一些运动或者音乐的爱好,所以才给他报了班。但是,对于孩子来说,最重要的永远是考上好学校、好大学。"

拥有这种想法的家长简直数不胜数。但是,那些考上高门槛中学的考生中,也有许多一直坚持打棒球的孩子们;到考试前几个月为止都还参加了钢琴比赛的孩子也不在少数。

大儿子考上筑波大学附属驹场中学、开成中学的父亲

"考虑到孩子还要进行中学考试,所以我也曾想过让孩子暂时放弃一段时间的棒球训练。

可是,我又一想,如果把孩子最后一点宝贵的业余爱好的时间都剥夺了,可能会因此对他的应试学习产生一些障碍,所以我就和他约定'以不影响学习为前提,如果能做到这一点,那就可以继续打棒球'。"

大女儿考上了丰岛冈女子学园中学、西武学园文理中学的父亲

"我觉得我家孩子是个女孩,继续弹钢琴这件事,可能能够成为女儿今后人生的精神食粮。因此,在女儿成绩有所下降之时,我的妻子曾经提案'要让女儿放弃一段时间的钢琴',但是我觉得弹钢琴可以给女儿带来一种转换心情的效果,所以果断拒绝了妻子的提案。"

"希望提高孩子的学习成绩"这件事,是天下所有父母都期望的。但即便如此,也不应该让孩子放弃自己倾注心血的那些兴趣爱好。

因此,不妨试试和孩子来一个"如果你因此影响学习的话,那可就要暂时放弃××一段时间了哦"这样的约定。或者像这样给孩子提案:

"你想继续××也可以,不过到考试结束为止,都要缩短一点花在那上面的时间哦。"

千万不要忘记征求孩子的同意。

做错事了会被严厉批评

> 有时候向孩子展示自己毅然决然的态度十分重要。

当孩子无论怎样都不听话的时候,就有必要以雷霆之势去斥责孩子。特别是对于父亲来说,有时候向孩子展示自己毅然决然的态度也是十分重要的。

如果对于孩子的一切行为,父亲从来都不曾严厉批评过,那么孩子逐渐会分不清楚事情的好坏,甚至还有可能从心底小瞧父母。

当然,如果真的出现了那种事情,也希望你不要忘记我之前讲述过的:

1. 在批评孩子时,一定要控制好自己的情绪;
2. 一定不要使用否定孩子人格的批评方法;
3. 不要拿孩子和他(她)的兄弟姐妹做比较;
4. 不要说一些"你爱怎样就怎样吧"的话对孩子放任不管;
5. 不要总是在一些琐碎的事情上责备孩子。

此外,作为孩子的父亲,我希望你还能注意"不要絮絮叨叨地批评孩子""不要翻旧账""避免出现这次批评的内容与上次的内容正好相反的情况"等。

那么，到底应该采用何种方式来批评孩子呢？

活跃于美国职业联盟的现役棒球投手松坂大辅的父亲喻先生，在松板选手小学三年级的时候就开始培养他成为一名真正的棒球手。松阪选手是那种比起指出他的缺点，夸奖他的优点更能使他进步的性格。

然而，他的父亲却时常告诫他"不许撒谎""好好珍惜自己的朋友""不要在别人面前哭泣"这三点铁律一定不能违背。每当父亲看到松板选手给别人添麻烦还不自知的时候，就会狠狠教训他，严重的时候甚至还会挥拳头。

当然，毕竟每个人的家庭情况不同，这里也并不是鼓励大家都要向自家孩子挥拳。但是，对于平时注重挖掘孩子的闪光点，大多采取夸奖的形式来教育孩子的家庭来说，如果让孩子注意了好几次都没有改善（比如说一些生活习惯或者一些作为正常人最起码的礼仪等部分），那作为父母，就应该像喻先生那样严厉地批评孩子。

比如说了无数遍，孩子还是每次都不把自己的鞋子整理好，自己不会主动去刷牙等这种生活习惯问题。

母亲每天跟在孩子后面说："你整理好自己的鞋子了吗？""你今天刷牙了吗？"，孩子却总是爱理不理的。当你发现，在孩子的心里，很可能想的是"对于母亲的这些唠叨，只要随便应答两下就好了"的时候，就轮到父亲登场了。

首先，身为父亲，你必须要以身作则，自己每天先要整理好自己的鞋子、吃完饭之后主动去刷牙。其次，就要向孩子展示你坚决的态度，告诉孩子一定要遵守这些规矩。

这个时候，你应该用一种严厉的口吻告诉孩子"现在立马去做"，注意一定要让孩子当场完成。

然后，可以教导孩子，像那种鞋子乱放的家庭，如果有客人来访，一家人都会被嘲笑的。还有吃完饭如果不刷牙，那么长大了以后，就要花大价钱去装假牙了，那时候连吃饭都不香了等。告诉孩子如果不履行这些规矩，未来会有什么可怕的事情在等他（她）。

其他还有孩子早上不起床、讲一些粗暴的语言等也都需要父亲来严厉指责。早上不起床会怎么样、讲粗暴的语言的人长大以后会变成什么样等，希望你用一位父亲的人生经验来狠狠敲打自己的孩子。

根据情况不同，还可以制定一些像"不整理好自己鞋子的人去扫厕所"等这样的规矩。

接下来，关于一些作为正常人最起码的礼仪部分也至关重要。

近年来，即使自己的孩子在电车和公交车上给其他的乘客带来了困扰，越来越多的家长也对此放任不管。

虽说教育孩子"表扬比批评有效"，但是，如果因此导致若干年后，孩子变成一位礼数欠佳的大人，那可就得不偿失了。

因此，当孩子出现 "因为对方骂我，所以我就出手打了他""明明教育过孩子不许在公共场合大声喧哗，但是还是在图书馆被人投诉声音太大"这种情况时，你一定要严厉地批评他（她）。

而且，因为孩子的这种行为，对周围的人造成了多么坏的影响，在那种情况下应该如何应对，这些事情都应该由父亲耐心地告诉自己的孩子直到他理解为止。

即使严厉地批评了孩子，到最后还是可以像"出手打人肯定是不对的，但是你能老老实实告诉我这件事情我还是很开心的""我觉得你是那种言出必行的孩子"这样安抚一下孩子。

孩子或早或晚都会迎来叛逆期，所以，希望大家在孩子上小学的时候，就为孩子埋下一颗"如果做错事了会被父亲严厉批评"的种子。

第三章

提高孩子学习成绩的聊天魔法

学习,是让你作为一个人,能够慢慢进步,这样等你将来走向社会以后才能够很好地生存下去。

当孩子成绩下降时

"你成绩下降了?这可是个往上冲的大好机会啊!"试着用一种高兴的心情来看待这件事。

一般来说,像努力必有回报这样对大人来说是一种常识性的道理,孩子却未必懂。

因此,如果不太理解"失败是成功之母"的道理,那就当然不知道也不可能体验过这种情况:在大多数时候,只要好好反思问题,改正错误,最终总能成功。

如此一来,父母通过下面这些话语来引导孩子就变得十分重要了:"你是哪儿没做好""你是哪儿做错了""哪个部分没弄懂"等。

"教育孩子最重要的就是要让他自由地成长。"

我也十分理解有人会拥有上面这种想法,但是,如果"想把自己的孩子培养成聪明的孩子",来自父母的一些正确的刺激是必不可少的。

我们假设现在孩子拿了一张考得一塌糊涂的成绩单回家了。

家长看到这张成绩单,"你到底用心学了吗""你每天到底在干什么"，很容易就会像这样去训斥孩子。

但我要告诉大家的是，我希望你们可以忍住一时的怒火，仔细和孩子一起分析一下为什么会考得这么差。不妨把这次的事情当作是"让孩子变得更聪明的机会"。

特别是对于父亲来说，我反倒希望你可以像这样：

"你成绩下降了？这可是个（往上冲的）大好机会啊！"试着用一种高兴的心情来看待这件事。

遇到这种情况，有的父亲会选择严厉训斥孩子，有的父亲则反而过于放松，仅仅对孩子说一句"下次再加油就好了"。这两种态度都是不可取的。

因为如果孩子不明白这次自己为什么考得这么差，那下次有可能还会交出同样的成绩单。

但凡孩子成绩突然下降，其背后肯定存在一定的缘由。比如像考试准备得不充分、考试当天身体不舒服、刚好对这次考试的题目不太擅长、粗心大意的错误太多了，等等。

"小××，你觉得这次自己为什么会考成这样？"

所以，我希望你可以像这样去轻声地询问孩子。

如果孩子明明十分努力，但是成绩依然下降，那大部分情况可能是因为这次考试老师出的题目孩子刚好不太擅长。这时候，我希望你可以和孩子一起，对照着答案把试题再过一遍。

如果是模拟考试，那么除了考试答案以外，一般还会附有"答案详解"。只要熟练掌握这份解答，那就可以知道如何去正确答题，强化自己的弱点。

对于孩子来说，可能再也不想看到自己考得一塌糊涂的试卷,但是,只要把这些试卷看成是帮助自己"弄清自己弱点的宝贵资料"就好了。并且,通过这份资料,还可以克服自己的薄弱环节,使自己不在同样的地方摔两次跤。

如果这样做还是不行,那可以一步一步来,先让孩子做一些相对简单的题目。或者可以让孩子再重新学习一下前一部分的章节等,这些都是很有效的办法。

如果这样做了之后,成功克服了自己的弱点,下次考试成绩出来,那就可以用这样的话语:

"你看,我就说你能行吧!"

"原来你上次考试只不过是没有好好读题而已,只要你好好读题,那肯定没问题。"

通过这种方式来帮助孩子树立自信。

一旦碰壁，那就暂时撤退

当你觉得"我家的孩子好像不太擅长算术"的时候，一定不要心急，不妨试试以退为进，让孩子从简单的题目开始尝试。

"能够准确理解文章，正确写好文章是孩子学习能力的基础。"

这句话是我在首都圈的多所大学执教以来，深切体会并确信的事实。

如今的年轻人，在外观上并不会有太大的差距。说话的方式虽然因人而异，但平时常用的词汇也大体相同。然而，就私立大学而言，早稻田、应庆等高级别大学的学生，和一些中等偏下的大学里的学生相比，他们的阅读理解能力和写文章的速度有着压倒性的优势。

将自己的孩子培养成聪明孩子的最终目标，其实是希望他（她）能够成为一个对社会有用的人、能够成为站在时代巨浪顶端的人。其中的差距比孩子上了哪所大学之类的事情要大得多。

一旦走入社会，孩子阅读理解的能力和表现能力将会变得越发重要。如果想把自己的孩子培养成一个对社会有用的人，那么我认为，首先必须要提升孩子的语文水平。

那么，具体应该怎么做呢？

其实很简单，那就是让孩子从小学开始就养成爱读书的好习惯。

我相信在大多数的家庭里，从孩子小时候父母都或多或少会给孩子读一些图画书之类的书籍。那么，我希望这种习惯至少可以持续到孩子上小学低年级为止。

如果这样做孩子还是不喜欢读书，那么我建议可以把这个习惯持续到孩子上小学三四年级。其中，父亲给孩子朗读书本的效果尤佳。

我家的女儿也是这样，不过由于我在读的时候，她通常对主人公的代入感比较强，所以一些可怕的故事她甚至会不敢听下去。

但是，不知道是不是因为我这个父亲在她身边让她比较安心，大部分情况下她都能够听我把一本书读到最后，所以几年下来，孩子耳熟能详的书也积累了不少。

此外，如果父亲能够有声有色、富含感情地朗读书本，孩子今后在朗读课文的时候，也会不由自主地模仿，一边考虑登场人物的心境一边朗读。

如果做到这一步孩子还是不喜欢读书，那么即使孩子的所在年级在慢慢上升，但也没有必要去提升读物的难度。一些面向低年级的书就足够了，最重要的是要先让孩子养成与书接触的习惯。还有一点，就是可以多给孩子看一些他（她）感兴趣的书。

如果孩子喜欢棒球，则可以给他看一些以棒球少年为主人公的书，比如浅野敦子老师著的《野球少年》（教育话剧）系列的作品。如果孩子喜欢迪士尼相关的人物，则可以给她看一些迪士尼公主系列的童话故事。

"我今天给你买了一本很有趣的书哦。"

"怎么样？要不要看看？要不爸爸读给你听吧？"

可以使用这样的话语来一点点提升孩子对书本的兴趣。

或者放假的时候可以带着孩子一起去附近的大型书店。一般来说，一位爱读书的父亲培养出来的孩子也会喜爱读书。所以，包括父亲在内，一个家庭每个月至少在书籍上面花费数千日元（根据2021年的汇率，一千日元等于60元人民币——译者注）才能称得上是一个比较理想的环境。

如果再说细一点，我希望大家买的书不要放到书房的书架上，在读完之前可以放到餐桌或者客厅等家人聚集的场所。

"这本书有趣吗？你觉得哪些地方让你感动了？"

如此一来，父子之间的对话自然而然就会谈到书中的内容。

那么，重要程度比肩语文的必修科目——算术的情况又如何呢？

算术这门学科，从小学三四年级开始，孩子们的两极分化就开始变得十分明显。

正因如此，当你觉得"我家的孩子好像不太擅长算术"的时候，一定不要心急，不妨试试以退为进，让孩子从简单的题目开始尝试。

我经常会从那些父亲是高学历的家庭中，听到母亲抱怨自家孩子不擅长算术的话。虽然会经常给孩子买一些习题集让他（她）做，或者让孩子去机构补课，但是由于孩子不擅长算术这件事已经深入内心了，所以即使父母再怎么努力，只会引来孩子的反感。所以，此处我的推荐是，如果孩子正上小学五年级，那不妨让孩子做一些四年级的题目，首先一定要让孩子感觉到"我能行"。

"你看，你这不是会做嘛。再来看看这道题怎么样？"

只要像这样，一边鼓励孩子，一边提升题目的难度就好了。

我相信只要看过我的采访的人应该都知道，即使是那些考上开成中学或者滩中学的孩子们，也曾经碰过壁。

每当这个时候，他们的父母都会以"一旦碰壁，那就暂时撤退"的方式帮他们先把难度清零再一起渡过难关。以此为榜样，当我们碰到这种情况时，如果一味地心急并且盲目地提升孩子的做题难度，最终只会导致孩子讨厌语文、讨厌算术这样的结果。所以，请一定要记住，一旦碰壁，那就暂时撤退。

英语可以这样学

孩子自身用尽全身解数来和外国人沟通等，
这对孩子来说都是一些宝贵的经验。

日本东京都江户川区的西葛西一带，居住的大多是一些在首都中心的 IT 企业上班的印度人，在附近甚至可以经常感受到一种小印度的风情。

这条街道现在却悄然发生了一些变化。

那些英语能力超强的印度人子女较多的西葛西一带的公立小学，越来越多的父母带着自己的孩子去那附近闲逛。

虽说现在是一个国际化的时代，那些"想让孩子至少英语能够说得流利"的父母拥有这种心理也无可厚非。但是，如果孩子自身对这些并不感兴趣，那不管父母为此是搬家也好，给孩子报名参加一些英语培训机构的学习也好，这些投资都是徒劳。

那么，要怎样才能让孩子对英语感兴趣呢？

我认为最快的方法就是一家人一起去国外旅行。并且旅行的地点还要是美国本土、夏威夷、新加坡或者香港这些以英语为通用语的地方。

"去国外旅行？我们家可没钱。"

可能很多人会这样说，但其实在日本国内进行那种长途旅行，包括机票加新干线等，一次下来一家四口也要花个小20万日元左右。

另一方面，虽说去国外旅行花的钱多少会比国内要多一些，但是可以通过购买廉价机票、参加超低价旅行团等方式节省开支，真正算下来花费的价格要比你想象的低得多。这是我作为一位国外旅行资深爱好者的经验之谈。

我强烈推荐读者们可以用两次日本国内旅行，换一次带着孩子去国外旅行的机会。

到达目的地以后，所有事情都由父亲一手安排。

比如，晚餐的预约、自由行套餐的申请、与商店店员之间的交流等，全都由父亲用英语来应付给孩子看。

要知道父母在做什么事情的时候，孩子通常会在一旁观摩。到了国外以后，周围的环境焕然一新，即使是平时和父母不怎么亲近的孩子，在这种场合也会变得异常乖巧。因此，父母的举手投足都会成为孩子模仿的对象。

如果父亲英语说得十分流利，那么孩子心里大概就会想"我爸爸果然很厉害，我长大以后也要变成那样"。

如果父亲的英语说得支支吾吾，只能一个劲往外蹦单词，那么孩子肯定会想"如果不会说英语在国外就要像这样受苦了，我一定要加油"。

"怎么样？主动去跟店里那个美国人说说话吗？"

"要不从今天开始打招呼都用英语吧！"

来自父亲的这种诱导也是十分有效的。

特别是美国人和英国人,即使日本人说着蹩脚的英语,大部分情况下他们也都会耐心地倾听,所以并不会给孩子带来什么心理创伤。

如此一来,只要孩子和外国人之间交流能够成功哪怕一点点,孩子就会真切地感受到说英语给自己带来的喜悦。

我曾经去坐落在群马县太田市地群马国际学院采访过。这所学校的大部分课程都是使用英语授课,并且是一所小学初中高中连读的学校。学校的创建者——太田市的市长清水圣义先生说的一番话我觉得十分有道理,借用此处分享给大家。

"仅仅靠催促孩子去学习英语的方式永远无法提升孩子的积极性。带着孩子去国外,让孩子亲眼看看自己的父亲由于不会说英语会吃一些什么苦头;孩子自身用尽全身解数来和外国人沟通等,这对孩子来说都是一些宝贵的经验。"

理科可是很有趣的

> 父亲和孩子能够轻易做到的亲身体验，就是去培养一些简单的植物。

在日常生活中，通过一些体验来增强孩子学习能力的事情有许多种，其中最具代表性的学科就是社会学科和理科。

关于社会学科，在本书的后面部分会具体提到。像"观看运动类直播或者运动类节目""一起看新闻节目"，还有休息日的时候，一家人一起去附近的历史资料馆或者博物馆等，这些事情都可以极大地提升孩子的兴趣爱好。

除了此门学科之外，孩子对于理科的兴趣也大多取决于父亲。

近年来，有越来越多的声音指出理科正在逐渐远离孩子的日常生活。比如，在孩子上小学时，大多数学校都是由班主任兼任多门学科，而并非每门学科设置专门的老师。因此，像难以开展一些足以引起孩子兴趣的课程、实验和观察无法顺利进行等问题也逐渐被人们所重视。

而那些去机构补课的孩子们平时所学的理科，也往往只是一些准备中考的内容，完全无法引导孩子去充分感受自然科学的魅力。

与社会学科相同，在学校学习到的理科知识，如果不能自己亲身去体验，那么学到的知识永远只会停留于表面。那样就远离学习的真正意义了，所以，此时就轮到父亲出场了。

父亲和孩子能够轻易做到的亲身体验，就是去培养一些简单的植物。在现实生活中，大部分的小学都会在理科的课堂上和孩子一起观察从种子开始培养的牵牛花。其实，大家不妨在自己家里也栽培一些季节性的花草。

具有代表性的球根植物有：郁金香、藏红花和水仙花等。如果打算从种子开始培养，那么蝴蝶花和三色堇等也是不错的选择。

"理科可是很有趣的哦，爸爸也非常喜欢理科"，父亲可以像这样向孩子展现出自己对理科十分感兴趣的氛围，然后试着引导孩子"让我们去建材市场买点球根植物回来养吧"。

虽然只有短短数月，但是培养植物这件事其实十分辛苦。不管是制作土壤，还是每天浇水施肥都是十分重要的步骤，有很多需要小心注意的地方。

比如，如果浇太多的水或者施了过多的肥，那么植物就会枯萎。就算能保证这些每天都适量，植物最后也有可能会被害虫吃光，所以这件事并非想象中那般一帆风顺。

因此，如此辛苦地培养植物所带来的好处就是，可以让孩子切身实际地认识到辛勤劳作的重要性。

此外，孩子还会把自己的注意力放到这些植物上面，如果最终能够让它们绽放花朵，那么孩子将会获得无与伦比的成就感，这些都是培养植物可能带来的正面影响。

"它发芽了。"

"花苞变得好大了。"

类似这样的谈话也会渐渐出现在饭桌上，孩子对于季节变换的感受也会愈发敏感。

不仅仅是植物，甚至可以试着从幼虫开始去养一些甲虫和独角仙。可以把管理昆虫垫（既是幼虫的住所也是它的饲饵）的重任教给孩子，培养孩子的观察能力和责任感。

在东京都内首屈一指的人气私立小学——庆应义塾幼儿园，从秋天到第二年的春天，泳池中都会培养一些水蚤、水黾、水蟑螂等水生昆虫供学生们观察。

并且，每年一到五月份左右，就会举行定期活动，从泳池中把水蚤打捞出来，转移至校园内的群落环境中（Biotope，是希腊语，指在一个生态系统里可划分的空间单位，其中的非生物因素铸造了该生活环境——译者注）供孩子们观察体验。

"给孩子带来感动，让孩子对学习产生兴趣是我们这些大人的天职。理科则是其中最适合的科目。"

在庆应义塾幼儿园的入学考试说明会上时不时会听到这样的话语。事实上，幼儿园也通过培养和观察水蚤等水生昆虫在具体实践着。

因此，我们也不妨模仿一下这所优秀的幼儿园，通过带给孩子感动，提升孩子对于理科学习的兴趣。

如果平日里时间有限，那可以试着通过阅读图鉴等方式来观察星座或者月亮的阴晴圆缺。

如果是休息日，甚至可以带上孩子去地方政府或者家附近的农家乐，让孩子亲自体验种田和挖土豆的乐趣。

如果家附近有可以驱车而至的自然科学博物馆等地方，那里往往会举办一些让人们体验科学实验的活动，那就可以时常浏览网站主页，抓住机会果断带着孩子去参加。

像这样，如果父亲能够发自内心地组织开展这些活动，那么孩子的兴趣也会高涨。经常这样做，孩子对于自然科学的兴趣也会水涨船高。

陪孩子看运动直播

> 一边观看运动类直播，一边与孩子进行参战各国的对话，是一种能让孩子切身感受世界就在身边的宝贵时间。

不仅是新闻节目，观看运动类直播也是让孩子能够快乐学习的不二选择。

比起通过翻着社会科学的教科书和参考书去了解世界，一边观看运动类直播，一边查询出场国家的资料来和孩子进行相关对话的方式，大多更加能够让孩子拥有深刻的记忆。

我从很久之前开始，就在自己的拙作或者演讲中提倡过，让大家"在自家的电视旁放上地球仪或者世界地图"。比如，在观看奥林匹克运动会、世界锦标赛或者世界杯等国际性运动比赛直播的时候，父亲就可以一边指着地图，一边告诉孩子现在出场的国家在地球的哪个部分，是一个什么样的国家，如此一来，孩子的目光也会逐渐放宽至世界范围。

"1号的跑道选手来自牙买加，2号跑道的选手来自巴哈马。那就让我们来看看这些国家都在地球的什么地方吧。"

"日本国家足球队的下一个对手是沙特阿拉伯，沙特这国家，其实是日本最大的石油输出国哦。"

父亲可以像这样去拓宽孩子的知识面。

如果这时候孩子问道："牙买加是一个什么样的国家呢？""那排名仅次于沙特阿拉伯的石油输出国是哪个国家呢？"，那么我很有可能就回答不上来了。如果碰上这种情况，那不妨在插播广告的时候告诉孩子：

"那等我去查一下。"

然后可以上网查询以后再对孩子的提问进行作答。

因为这件事的主要目的是让孩子能够放眼世界，所以也不必做过细的说明，只需了解一些最基本的"在哪里""首都是哪""人口大概有多少""是一个盛行什么产业的国家"即可。

在如今的学校教育中，不仅是小学，就连中学也鲜有学习关于世界各国信息的机会。

因此，一边观看运动类直播，一边与孩子进行参战各国的对话，是一种能让孩子切身感受世界就在身边的宝贵时间。

此外，说不定还能让孩子喜欢上英语，得到意外的收获。

"我们家孩子之所以会喜欢上英语，就是因为受了他爸爸的影响。我们家教育孩子的方式，并非告诉孩子'以后的时代，英语绝对会变得越来越重要，所以赶紧好好学英语去'，而是我老公带着孩子一起一边看运动直播，一边告诉他'只要你英语说得好，那么世界之大你哪儿都能去，还能在任何地方都交上朋友'或者'没想到成为体育节目播音员，居然可以不需要翻译就和那么伟大的选手无障碍交流啊'等。我觉得这样的方式给我们孩子带来的正面影响巨大。"

上面这段话，是我采访时听一位母亲讲的，她的孩子考上了筑波大学附属驹场中学等多所学校。

确实如此，比起告诉孩子"因为英语很重要，所以一定要努力学"来说，让孩子脑中拥有"只要学会说英语就会有一连串开心的事在等着他"这样一种具体的画面将更能引起孩子的共鸣。

因为在日本，运动类直播的收视率一直居高不下，所以在京都电视台的各个公司一直都在坚持拿下转播权。

因此，不仅是棒球或者足球比赛，还经常会有各种各样的国际运动大赛被转播，希望各位读者一定不要错过这个父子一边热烈交谈一边享受酣战的好机会。

下次一定要赢

> 不仅仅是关注谁赢了或者谁输了,一定要通过这个运动节目告诉孩子,这些获胜者是经过了怎样的磨炼和努力,才可以获得今天的成就。

一般来说,在看运动直播和运动节目的时候,肯定不会说一句"好厉害啊"就完了。

"虽然已经发表了退役声明,但是一直连续不断地挑战职业选手的桑田可真厉害啊!"

"真不愧是真央,状态调整得真是太好了。"

如果仅仅告诉孩子这些内容,那么在一旁观战的孩子脑中最后只会剩下"好厉害""真不愧是"的内容。如果想要把孩子培养成聪明的孩子,父亲就必须要再多下一些苦工。

那就是要用自己的话语来形容这些留下浓重笔墨的顶级运动员的生平。

桑田真澄选手毅然选择离开老牌劲旅巨人队(巨人队是一支隶属日本职棒中央联盟的球队,成立于1934年——译者注)后,终于在39岁的时候成功出场了自己职业棒球联盟的首秀。从他的身上,我们不仅可以看到他对职业棒球的狂热,还可以看到他不畏伤痛，想要通过自己的努力来与时间作斗争的拼搏精神。

女子花样滑冰的浅田真央选手，经过无数次的训练，终于成功完成了转体三周半这个高难度的动作，丝毫不逊色于她的对手金妍儿和安藤美姬。她的多年努力终于获得了回报。

像这样，不仅仅是关注谁赢了或者谁输了，一定要通过这个运动节目告诉孩子，这些获胜者是经过了怎样的磨炼和努力，才可以获得今天的成就。

此处就以桑田氏和浅田选手为例来说明。

"这位叫桑田的选手，总而言之就是不轻言放弃。因为他决定做这件事以后，就绝不轻易退缩，所以他最终才能站在那令万人憧憬的职业联盟投手台上进行比赛。"

"你知道为什么真央选手这些年一直都能在世界排名中名列前茅吗？那是因为她经常努力磨炼自己的跳跃和旋转技巧，以达到精益求精。"

大家可以试着像这样去告诉孩子。

在国内外活跃的顶级运动员们，对孩子们来说就是他们身边的英雄。

如果父亲能够将他们的生平对孩子娓娓道来，那么有很大的可能，孩子会想"我以后也要做到不轻言放弃""那我以后也要稳扎稳打，一步一个脚印"。

说不定孩子会去模仿这些顶级运动员们努力的姿态，将这种精神运用到日常的学习中去。

不仅对胜者，对败者也同样如此。

对运动员来说，并不是所有的努力就一定可以得到相应的结果。在电视转播中，也经常可以看到比赛结束后，运动员们留下悔恨泪水的镜头。

即使是碰上这种情况，也是有很多值得孩子去学习的地方的。

首先，是称赞对手公平竞技的这种精神。其次，是分析比赛失败的原因，通过审视自我表现出来的一种谦虚的态度。

然后，最重要的是从比赛失败的悔恨当中涌现的一种"下次一定要赢"这种热切的心态。不管是以上哪一种，都十分值得教给孩子去学习。

"哎呀，你看这位运动员主动夸奖对手的行为真是太帅了。"

"你看，不管什么时候，保持一种自我谦虚的态度真的太重要了。"

"看到她这种下次一定要赢的积极的态度，不由自主地就想为她加油呢。"

我希望父亲能够像这样，让孩子从败者的姿态中也能吸收正能量。如此一来，万一将来孩子也碰上逆境，那么也一定可以在逆境中也不气馁，最终反败为胜。

一起观看新闻节目

> 一边看新闻,父亲可以一边给孩子讲述世界上最近发生的一些事情,让孩子一边享受电视时光,一边在无意中强化对时事的记忆。

经济合作与发展组织(OECD)关于学生学习能力的调查显示,日本学生排名垫底,芬兰学生则常年名列前茅。

在芬兰,学校的教育计划以及教科书的选定等事项,通常都是由学校全权决定的。

这一点,与文部科学省占主导地位的日本大不相同。此外,芬兰的学校平均授课时间也要低于日本,在学生接受完义务教育之前,甚至都不会出现有排名的考试。

那么,为什么芬兰学生的学习能力能够常年排名世界第一呢?我认为,原因就在于芬兰的老师和父母对待孩子们的态度上面。

在学校,老师给学生布置家庭作业的时候,一般不会像日本老师那样说"大家请完成这些题目",而是会说"想要学习更多的同学,可以去做一做这些题目"。

在家里,父母也并不会问孩子"今天的考试考了多少分?"

而是会问"今天在学校都学了什么呀?"

也就是说,在芬兰的绝大部分学校和家庭中,并没有那种逼迫孩子学习的意思,取而代之的是一种"让孩子边玩边学""按照自身的意愿去学"氛围。

除此之外,我认为在芬兰家庭中,还有一点是十分值得日本家庭学以致用的,那就是父子一起观看新闻节目。

一边看新闻,父亲可以一边给孩子讲述世界上最近发生的一些事情,让孩子一边享受电视时光,一边在无意中强化了对时事的记忆。

在芬兰,绝大部分父亲都没有太大的加班压力,事实上,芬兰存在一种父亲尽快回家和孩子一起观看新闻、辩论节目的文化底蕴。要是我们也可以就地球变暖问题、原油价格暴涨、中国产的饺子问题以及医生短缺问题像"这个问题,你怎么看?"这样问问孩子的看法,然后再向孩子做一些自己知识范围内的解说,那么也必定可以拓宽孩子的知识面。

如此一来,孩子在不经意间就会对世界的趋势变得敏感,并且思考能力和表现力也会随之水涨船高。

如果你家里是打算今后让孩子接受中学考试,那由于最近一些有名的中学入学考试的题目,都出现了以社会科学和理科为中心,还伴随一些时事问题,并且这种倾向也越发强烈,所以父子一起看电视的习惯也是一种很好的应试对策。

在我自己的家中,我也同样会每周抽出几天的时间和女儿一起观看新闻节目,每次先听完女儿对这些问题的看法之后,再由我来一一解说。

从我女儿刚上小学不久,我们家就自然而然地养成了这种习惯。当然，一开始女儿完全无法阐述自己的意见，甚至都无法在脑海中形成有组织的话语。但如今，她已经能够说些像这样的话："美国总统大选，关键还是要看人口众多的加利福尼亚州的选票情况。而且我觉得，万一美国政权发生了改变，那么与日本之间的关系也会随之发生一些微妙的变化。"

"开完2008年北京奥林匹克运动会之后紧接着又举办2010年上海世博会，中国真是靠此机会赚足了来自世界各地的目光，但是在一些环境方面和卫生方面的改善却值得期待。我觉得包括日本在内，全世界应该在这些方面加强对中国的监管。"

孩子能够像这样大大方方地阐述一些自己的观点。并且，她还表示想要更加深入地了解一下美国总统大选的机制和中国的现状等问题。

这些与其说因为她的父亲我是一位蹩脚的记者，倒不如说是因为长期以来我和女儿之间进行的这种父女对话开花结果了。

看新闻还有一个好处，就是可以一边享受一边轻松学习世界的各种时事。

就最近来说，为了从小对孩子的媒体素养有一个更加全面的教育，日本全国各处的小学都很盛行一种叫以 NIE（= Newspaper in Education）报纸作为教材的报刊教学活动（这种活动起源于美国，1930年代率先开展以纽约时报为教材的报刊教学活动，日本于1985年导入，2011年开始普及——译者注）。因此，当你在家的时候，不妨时不时地问问孩子关于"中国四川汶川大地震""日本的较劲国会(较劲国会是日本的一个政治用语。指执政党在众议院过半数,而在野党却在参议院过半数而造成国会众参对峙的状况——译者注)""年金问题(养老金问题)"等社会热点问题,只要在父亲所掌握的知识范围内即可,像这样一边关注社会现状,一边向孩子解释说明的方式,比起一味地问孩子"你觉得怎么样?""你觉得应该怎么办?"效果更好,这样孩子对于社会的关注意识和世界动向的理解将会更加的深刻。

如果你认为普通的早报对于孩子来说理解稍微有些困难,那么不妨试试以"朝日新闻"和"每日新闻"发售的小学生新闻为材料去和孩子聊天。上面使用的话语都十分简单,孩子一读就懂。

话虽如此,但是孩子的天性导致他们一般对时事问题不太感兴趣。

因此,为了勾起孩子们的兴趣,就需要父亲通过一些夸张的喜怒哀乐的演技来引起孩子的关注。

像"这个也太厉害了!""呜哇,吓我一大跳!""啊,这可真是,太过分了"等,父亲可以在一边看报纸的时候,一边发出这样的惊叹,就算孩子平时对报纸不太感兴趣,也会不经意地被勾起好奇心地去问你"什么?""怎么了?""发生什么事了?"此时正是大好良机。

为什么一定要学习呢

> 学习，并不是一点点提升自己的偏差值来让自己考上好学校，而是让你作为一个人，能够慢慢进步，这样等你将来走向社会以后才能够很好地生存下去。

如果想把自己的孩子培养成聪明的孩子，提升孩子的学习欲望十分重要。为此，父亲如何告诉孩子"为什么一定要学习"这件事就显得至关重要。

"你要是成绩上升了，我就多给你一点零花钱。"

"你要是考得好，那我就给你买喜欢的游戏软件。"

这样的方式只会徒增孩子贪图侥幸的心理。

这样虽然可能会让孩子为了零花钱或让你给他（她）买喜欢的游戏软件，而暂时努力学习，但像这种用饵钓鱼的方式并不会长期有效，因此算不上是培养孩子真正的学习欲望。

"无论如何，今天一定要加油。"

"只要你能上了好学校，以后就能少吃点苦了。"

同样的，这种方式也会教给孩子"只要现在加油了，以后就不用努力了"这种扭曲的价值观。

"即使是高分考进来的学生,也不能保证在初中和高中的六年一直处于上游状态。有非常多的学生学到一半就掉队了,或者干脆放弃了。"

我时常会从一些初高中连读的名校老师口中听到这样的话。我认为,这些有很大一部分原因是因为,父母为了让孩子能够在中学考试中好好发挥,而强行启动孩子的引擎而带来了弊端。

但凡父母肯定都希望自家的孩子以后有个高学历。我也不例外,比起让女儿上那种不知名的大学来说,我肯定希望她能够上那种给简历加分的大学,或者全国精英荟萃、时常可以保持一种竞争心态的大学。

但是,如果想让孩子作为一个合格的人走向社会,最重要的却并非学历,而是坚持不懈地学习、磨炼自身的这种学习的经历。

从这种意义上来看,给孩子灌输"只要现在努力就好了"这种想法实在是有点本末倒置了。

此外,在如今的学校教育中,孩子确实能够掌握一些某种程度上的知识,但是掌握的这些知识在将来到底能够派上什么用场,学到的这些知识自己应该如何灵活运用,这些事情都是学校教育所不曾涉及的。

因此,作为在社会上摸爬滚打多年、每日在残酷竞争中磨砺的父亲,应该当仁不让地把这些东西教给自己的孩子。

"我这么努力学习这些东西,以后能有什么用?"

"爸爸小时候学的东西长大以后用到了吗?"

当孩子升到小学高年级之后,很有可能会跑去问你这种问题。这种时候，我希望你可以像这样来回答：

"我小时候解了很多很多的算术问题，所以我现在就算碰上什么难搞的工作，也会耐心地思考，一点点地努力，直至攻克难题为止。"

"语文？多亏了爸爸小时候阅读了大量的文章，才有机会丰富自己的表现能力，这些让爸爸在和其他人对话、在公司写资料的时候如虎添翼。"

告诉孩子这些知识即使不是直接有帮助，也会在间接方面对自己帮助很大。孩子现在所学的这些知识，走向社会以后将会对他们有很大的帮助。

此外，像下面这样的方式也不错。

据说，本书之前提到的精英家庭教师松永畅史老师也曾经被自己的学生问过这个问题"请问老师，我为什么非要学习不可呢"？

结果老师竟然反问这位学生："你觉得在当今这样一个信息满天飞的时代，如果你脑子不灵光，你有信心生存下去吗？"

如此一来，孩子的心里就会想"要是我脑子不灵光，那以后肯定会被人骗的""这样的话以后就无法做自己想做的工作了"等。

松永老师是这样教育学生的：学习，并不是一点点提升自己的偏差值来让自己考上好学校，而是让你作为一个人，能够慢慢进步，这样等你将来走向社会以后才能够很好地生存下去。

松永老师这种教育方式的成果，就是他带过的绝大多数学生，往往都能考上麻布中学、驹场东邦中学、早稻田实业学校初中部和庆应义塾普通部等首都圈首屈一指的高门槛中学。所以，我举了这样的例子来仅供大家参考。

跟孩子说一说自己自豪的事吧

> 对于父亲来说,最理想的家庭教育就是向孩子讲述自己自豪的事情。

据东京都内一所著名私立小学的某位老师说:"对于父亲来说,最理想的家庭教育就是向孩子讲述自己自豪的事情",并且大家对此已经基本达成了共识。

如果想要提高孩子的学习成绩,那么最有效的办法就是给孩子提供一个快乐学习的环境。

方法之一就是,父亲带着一腔热忱,将自己自豪的事情述说给孩子听。这样既能带给孩子快乐,又能让孩子端正学习的态度,还能教给孩子正确的人生观,可谓是一举三得。

关于自己自豪的事,我与那位老师一致觉得有以下三个诀窍:

1. 讲述愉快的事情;
2. 具体讲述;
3. 选一个圆满的结局。

首先,"愉快的事情"指的是,比如说学习成绩终于有了进步,或者理科综合成绩拿了第一名等,任意选材即可。

作为父亲，只需要把自己曾经感到非常开心的事情讲述出来就好了。只要能够创造一个愉快交谈的氛围，自然而然可以把孩子吸引过来。

然后，"具体讲述"这一点也十分重要。

"你爸爸以前可是拿过网球比赛的冠军的，是不是很厉害呀？"

"我曾经战胜过班里的一个号称无敌手的算数天才哦！"

如果仅仅是上述这般的话语，那将会没有任何感染力。因此，比如可以详细讲述你为了拿冠军做了什么样的努力、战胜的算数天才是个什么样的人、为了战胜他（她）你又做了什么事情等等，尽可能地用这些细节来丰满你的故事。

最后，"选一个圆满的结局"则是重中之重了。

无论孩子再怎么努力想要从父亲的故事中获得动力，如果父亲讲述的事情是"虽然努力了，但是最终却并未取得好结果"，那么通过交谈能够取得的效果将会大大减弱。

"就算我再怎么努力，最后说不定也和爸爸一样取得不了什么好的结果……"

"原来有些事再怎么努力，也不一定能够获得好结果的啊……"

这样消极的思想也有可能会在孩子的内心扎根。

因此，不管是学习方面还是运动方面，我希望大家可以尽可能地对孩子说一些努力之后美妙的成功经验。

如果一定要讲一些结局不太圆满的故事，那么结尾至少也要是：虽然没有取得好的结果，但是却收获了这样的教训等等。

至于"我没有什么自豪的事可以对自己孩子说的"父亲们，则不妨对孩子讲讲历史上的人物、电影里的英雄、主人公的故事。

比如，曾经只是尾张小国的大名织田信长，最终为何可以打败周围的今川氏等大名而一统日本呢？

类似的还有，在根据真实人物事件改编的电影《Simsons》中，从小在北海道的农村长大的女子高中生们，为何开始练习从未接触过的冰壶运动，最终成功出战冬季奥林匹克运动会呢？

类似这种成功的故事还有很多，希望你可以在日常生活中的饭桌上、澡堂里多给孩子讲一讲这些故事，为孩子点亮人生航行的灯塔。

一起学习吧

自从父亲主动邀请孩子"一起学习吧"以后,就变得十分热爱学习了。

日本学研教育综合研究所在2006年实施的"关于父亲和家庭教育的调查"结果显示,大约四成以上的父亲,对于孩子在家里的学习状态不满意。

虽然这个数值归根结底只是从父亲的角度来看的满意程度,但是由此数据也不难看出,平时在家里不怎么学习的孩子并不在少数。

"我们家孩子真是完全不学习。"

如果家里的孩子是这样的情况,那么这种时候,父亲自身主动学习的一种姿态,将会成为孩子很好的榜样。换句话说,父亲不妨试着和孩子一起学习。

"怎么样,来和爸爸一起学习吧?"

"哦,原来你变得不擅长算术了啊。但是要是能够解开算术题那可是很爽的哦,要不来和爸爸一起试试吧,就当是玩游戏了。"

请试着像这样去引导孩子。

本小节开头介绍的日本学研教育综合研究所的调查结果还显示，每三位父亲中就有一位父亲的回答是，他基本上每天都会看自己的孩子做作业和学习。

我认为，这部分的父亲是为了让自己的孩子从小学时代就养成爱学习的好习惯。从这方面的数据来看，除了平时与孩子接触不多的父亲比例正在增加以外，主动陪伴孩子，和孩子一起学习教科书、参考书的父亲也出乎意料地正在增加。

在那些孩子考上名校的家庭中，也有许多孩子从小学低年级时起，平时基本上就完全不学习。但是，自从父亲主动邀请孩子"一起学习吧"以后，就变得十分热爱学习了。

"对于孩子来说，来自父亲的一句'一起做吧'简直就是一句杀手锏。作为母亲的我，再怎么对孩子说这种话他都无动于衷，但是要我丈夫一说他就特别有干劲。"

"估计是因为孩子和爸爸一起学习的时候有一种做游戏的轻松感吧。自从我丈夫开始管孩子学习以后，孩子的学习时间在一点点增加。"

我采访的时候经常会听到这样的话。

事实上，我们家用的也是类似的方法。我经常也会和女儿一起解答算术中的应用题或者一起挑战语文中的超长句子等，如此一来，原本对学习并不热心的女儿，不知道是和我一起解题很开心，还是看到我被题目难住很有趣，慢慢养成了爱学习的习惯。并且，随着学年的增长，自己都会主动找一些习题集去做了。

如果父亲能够成为学习的榜样，那么孩子也自然而然地会紧随其后。如此一来，孩子可以带着一种轻松的心态去学习，以往痛苦难熬的学习时间也会在不知不觉中变得有趣起来。

当然，千万不要忘了，在父子一起学习的时光里，如果孩子向你问道"为什么？""怎么会这样？"的时候，对于不知道的问题，一定要立刻拿出图鉴或字典，当场解答孩子的疑问。

请毫无顾忌地向孩子炫耀吧

> 如果有可能,母亲在一旁添油加醋地说一些"没错,你爸爸可是很厉害的哦"这种话可以获得更好的效果。

父亲在孩子面前塑造自己的"形象"时,有一句绝对不能说的禁句,那就是"你不学习,以后会变得和爸爸一样哦"。

一旦说了这句话,孩子就会觉得"原来我爸爸没什么了不起的",以后父亲所说的话也会渐渐变得没有说服力了。

"爸爸就是因为小时候没有好好学习现在才会吃这么多苦,所以你一定要好好学习。"

"爸爸就是因为学历不好在公司完全升不上去,所以我不想你也吃这种亏。"

就算你是真的这么想,也绝对不能对孩子说出口。

另外,还有一些父亲出于谦逊的考虑,时常会自贬身价,这种方式也同样不可取。

假如你是名校大学尖子生,毕业以后在一流企业上班,但即便如此你还是一味地妄自菲薄的话,孩子就会曲解你的意思,会觉得:

"就算努力学习考上好大学,最后不也就混成这样嘛。"

"要是变成这样,那我天天这么努力学习还有什么意义。"

对孩子来说,父亲就是他们的天。

不管是什么样的家庭,父亲虽说可能不像以前那样是一种绝对的存在,但是,在孩子面前请一定要保持你高大的形象。

最糟糕的情况,就是家庭中的母亲去毁坏父亲的形象。

"你以后可千万别变成你爸爸那样哦。"

如果只是一两次还好,如果这句话变成了母亲的口头禅,那么孩子绝对会渐渐对自己的父亲感到鄙夷。

我推荐的做法是,由父亲亲自对孩子说自己曾经辉煌的历史,给孩子一种"爸爸好厉害""爸爸好帅啊"的印象。

即使是体育或者音乐等科目也没有问题,父亲自己年轻的时候,必定有过自己全身心投入并取得辉煌战果的事情。

就算没有那种名校大学、硕士、博士毕业的学历,比如作文比赛得了金奖、社会科学的考试考过满分等,也请毫无顾忌地向自己的孩子炫耀吧。

如果有可能,母亲在一旁添油加醋地说一些"没错,你爸爸可是很厉害的哦"这种话可以获得更好的效果。

比这种方式还要有效的,是让孩子亲身感受一下父亲工作时的样子。

当你回到家以后,虽然有一大堆想要吐槽的工作上的怨言和对上司的不满,但是与其像这样表达:

"都怪我那个部长,天天让我干一些我讨厌的工作,我真是快抑郁了。"

这样是在传播负能量,倒不如像下面这样对孩子说:

"我今天做了这样的工作。虽然部长交给我干的工作很艰难,但是我还是坚持完成了,这种感觉真是好极了。"

如果从孩子的口中,说出了"我以后也要变得像爸爸一样"这样的话,那就是满分了。即便没有到这种程度,爸爸在孩子心目中也必然会一直保持一种高大的形象。

尽量别说"下次再做吧"

> 我们在教育孩子的时候,也应该保证自己的言行要一致。

本章与大家分享的内容是,为了增强孩子的学习能力,父亲应该使用什么样的说话方式。

但是,如果没有得到孩子的信赖,那么不管父亲说什么,都难以打动孩子的心。

我认为,父亲如果想让自己的话语更加具有说服力,那么保证自己的威信至关重要。

比如说你一会儿对孩子说:"想要在国际化的时代生存下来,首当其冲就要学好英语",一会儿又对孩子说:"你语文学不好以后怎么办?长大以后最重要的就是语文了"。这样会让孩子觉得"到底什么最重要?"而陷入混乱。

再比如家人一起商量孩子今后去哪儿上初中时,一边说:"你自己决定以后想上公立还是私立。"

一边又说:"上那种学校怎么行,你还是去上爸爸说的那所学校吧!"

如此这般,没有任何铺垫就随意改变自己的主观意识,这种做法毫无疑问会让孩子对你产生一种不信任的感觉。

在生活中也同样如此。

"你都已经上五年级了，以后每天早上要六点半起床。爸爸妈妈以后早上可不会再叫你了哦。"

一边像这样严厉训斥孩子，过几天后又像这样：

"真是没办法，那还是爸爸来叫你起床吧。"

忍不住对孩子出手相助。如此一来，孩子会认为自己的父亲没有言行一致的精神。

简而言之，即使身为孩子的父母，也不应该根据每天的心情和情况，去改变自己与孩子接触的姿态。

"反正爸爸总是会根据当天的心情而发生变化，那他说的话我随便听听就好了。"

长此以往，孩子就会开始像这样轻视自己的父亲。

父子之间的约定也同样如此。

"那下周六我们一起去博物馆吧！"

有许多人都曾经像这样和孩子约定好之后，却由于工作日上班太累最终没去成。如果以太累了为理由就违反与孩子的约定，那么孩子心里必然就会觉得"爸爸跟我的约定就只有这么一点约束力"。

这种时候，就算出门时间从早上延迟到下午，也请一定要带孩子去博物馆，完成自己的约定。

在美国棒球职业联盟大放异彩的铃木一朗选手，他的父亲铃木宣之先生就是一位对自己儿子言出必行的父亲。

"'我现在突然有事，下次再说吧'或者'我今天太累了'，这些都是大人的借口。身为父亲，既然教育自己的孩子'要遵守约定',那么首先自己就一定要去遵守,否则父亲说的话对孩子就没有任何说服力了。"

宣之先生是一位产品工厂的经营者,平日里工作十分繁忙。但是据说他曾经和一朗选手约定了"每天都要一起打棒球",并且一直坚持了下来。我们在教育孩子的时候,也应该保证自己的言行要一致。

第四章

给孩子带来自信的聊天魔法

让孩子觉得"爸爸好棒"。

不必过早给孩子准备专门的房间

> 在孩子还不懂如何去学习的时候,就给孩子准备专门的房间,让孩子一个人去面对那些教科书和习题集,这种方法根本无法提升孩子的学习效果。

我一直认为,孩子上小学的时候,没必要拥有专门的学习桌。说的再多点就是,小学生没有必要拥有一间学习桌、空调、电视和电脑等设备俱全的房间。这个是我在采访了众多那些孩子考上名校的家庭之后得出来的结论。

如果为孩子专门准备了那样一种舒适的空间,孩子很可能会闷在里面不出来了。

可能你会觉得孩子在房间里埋头学习,但其实说不定可能在浏览一些杀人网站,或者一直在和朋友发短信聊天,如果是朋友那还好说,万一是和不认识的大人聊天到天亮,那给孩子准备的这些条件,简直就成为了违法犯罪行为的温床。

就算事情不会走到那么坏的地步,在孩子还不懂如何去学习的时候,就给孩子准备专门的房间,让孩子一个人去面对那些教科书和习题集,这种方法根本无法提升孩子的学习效果。

并且,当孩子升到了小学高年级以后,自然而然待在自己房间的时间就会增多,亲子之间的交流也会因此而变少。如此一来,家庭关系就会渐渐变得淡薄。

我认为,一位合格的父亲,不应该给孩子准备专门用于学习的房间。如果已经准备好了,那么至少在孩子学习的时候,应该让孩子去家人聚集的餐桌上学习。

"你想让我给你买学习桌?可不可以等上了初中再买呢?那时候我给你买一个大大的书桌好不好?"

"我看你刚才在自己的房间里学习,能不能换成在餐桌这边学习呢?爸爸妈妈看不到小××感觉好寂寞呢。"

大家可以像这样去引导孩子,让孩子不要一个人闷在自己的房间里。

大儿子考上海城中学、城北中学等学校的父亲

"我们家孩子是从三年级开始准备中学考试的。从那个时候起,我就让他养成一种不在自己的房间,而在餐桌上学习的习惯。如此一来,孩子的疑问和问题我也可以立刻帮他解决,而且和我之间的交流也变得越来越多了。"

二女儿考上女子学院中学、浦和明之星女子中学的父亲

"我们家的孩子,不管大的还是小的,从小就让她们在餐桌上学习。第一是因为我们家本来也不算宽敞,其次就是因为这样我也可以很容易就辅导她们的学习,我觉得这种方式让我们家的家庭氛围变得十分充实和活跃。我很庆幸使用了这样的方法。"

如果你想提升自己孩子的学习能力,而不是将来对高门槛学校望而止步，以我这么多年的采访经验来看，那些聪明孩子的家庭里，有7~8成家庭的孩子都没有自己的学习专用房间，而是在餐桌上学习。

所以，与其给孩子买学习桌，倒不如买一张宽一点的餐桌。当然，这也要根据你家的大小来考虑，不过我希望你可以买一张宽度为150~160厘米以上的餐桌，上面甚至可以放一些参考书、地图或者字典等资料。

如此一来，可以让孩子一直在自己的眼皮底下学习。既能立刻帮孩子解决疑问，又可以通过观察孩子的表情变化去察觉孩子最近心里有没有烦恼。

这种方式，可以帮你增加平时可能会有所欠缺的父子对话时间，给你们提供聊最近发生的时事、职场或学校发生的事、暑假的家庭旅行计划、今后的升学打算等话题的机会。

帮孩子戒掉游戏吧

> 如果仅靠口头形式的约定约束孩子不能起到应有的效果，那么不妨试试用书面的形式去给孩子制定规定。

Diamond公司（即株式会社钻石社，日本财经出版权威——译者注）与网络调查公司株式会社Cross Marketing共同实施过一个有趣的调查，其内容和结果如下所示：

对于拥有手机的孩子父母的意识调查（《钻石周刊》2007年3月2日的调查结果）

▲给孩子的手机使用制定了规定　　　　　　76.3%
▲虽然给孩子制定了规定，但只是口头形式　97.4%
▲结果孩子还是会违反规定　　　　　　　　35.1%

从这个调查结果来看，给孩子制定规定时，如果不使用书面形式，那基本上没什么约束效果。

即使当初给孩子配手机的目的是孩子上下学的安全考虑，随着孩子使用手机的时间越来越多，离当初的目的也就渐行渐远了。因此，如果仅靠口头形式的约定约束孩子不能起到应有的效果，那么不妨试试用书面的形式去给孩子制定规定。

并且，我认为还可以在上面加上一条：

"一旦违反以上规定，那么就算被没收手机或电脑我也毫无怨言。"

还有一点，孩子平时接触的事物中必须要加以注意的，就是游戏。

各种各样的民间调查显示，当今社会八成以上的孩子日常都会接触到不同种类的游戏，并且大部分孩子都拥有好几台游戏机。

虽说也有像"模拟城市"这样的游戏，让孩子可以体验到自己当市长时，如何建设自己的街道，通过这种方式也可以提高孩子的学习能力。但是，每天浪费几个小时在游戏上这件事对孩子绝非一件好事。

如今的中小学生，平均每天都要花3个小时的时间在看电视、玩电脑、家用游戏机或手机等显示屏幕上面。

仔细想想，如果这种生活状态持续一年，那么这一年中孩子将会浪费几千小时的时间在这些显示屏幕上，这个时间甚至超过了中小学校的授课时间和与父母聊天的时间。

日本的教育第一线从2011年起开始沿用新的学习指导要领，不但增加主要科目的授课时间，而且还开始推广孩子的道德教育。然而，如果在家的时候，父母不去限制孩子在这些娱乐项目上花费的时间，那在不远的将来，比起学校里老师说的话或者父母说的话，那些显示屏幕里的内容将会对孩子产生更深刻的影响。

万一你的孩子沉迷游戏无法自拔，那么作为父亲我推荐你可以对孩子说这样的话：

"小××，你最近脸色变得很差哦，是不是玩太多游戏了啊？"

强行制止孩子玩游戏这件事十分简单，但是不由分说地就没收孩子的那些设备，定然会触发孩子的逆反心理，所以最好能够让孩子主动放弃玩游戏。而且，"你最近脸色变得很差哦"这句话可以起到意想不到的效果哦。

即使是男孩子，从上小学开始就希望自己可以一直在人前保持帅气的姿态。更别提女孩子了，定然希望周围的人都夸自己可爱。因此，"脸色很差""脸色不对"就成了完美的突破口。

无论是谁听到这样的话只怕立马就把游戏戒掉了。如果这样说了以后，孩子依旧沉迷，那么不妨像这样去寻求家人的合作：

"我说孩子妈，小×× 最近是不是看电视看得太多了，你看她脸色是不是很差？"

"你是姐姐所以我来问问你，最近小×× 是不是游戏玩得太多了，你看她脸色是不是不对劲？"

除此之外，"老天在看着你哦"这句话也十分有效。

对于大部分的孩子来说，父亲是一种可靠的存在，可孩子又时常会对父亲望而生畏。不过，在孩子的心中还有一种比父亲更加神秘的存在，那就是"老天"。

当孩子明明临近考试，但依然无节制地看电视；明明成绩都已经退步，但依然我行我素沉迷游戏时，就可以拿出杀手锏了：

"小××，你糊弄爸爸没关系，但老天可是在看着你哦。"

孩子听到这种话之后,肯定会想"如果自己不努力的话,说不定会被老天惩罚的"。

其实,不管是"脸色很差"还是"老天在看着你哦"都不是一种积极的说服孩子的方式。

然而,对于已经沉迷于电视或游戏的孩子来说,直截了当地训斥孩子只会起到相反的效果。因此,为了优先让孩子暂时戒掉这些,只能退而求其次,先诱导孩子让他(她)觉得"那可就糟糕了",以此摆脱这些令人上瘾的显示屏幕。

看看爸爸是怎么工作的

> 父亲和孩子一起讨论时事、和孩子聊自己的工作、聊职场发生的事等，都可以让孩子逐渐把自己的目光转向社会。

不知道大家有没有向孩子展示过自己的工作场所呢？

公司、团体组织、政府机关、学校、医院……无论你在哪里工作，我的建议是可以找个机会向孩子展示你自己的工作场所。

就像我之前提到的，在日常与孩子接触的过程中，父亲和孩子一起讨论时事、和孩子聊自己的工作、聊职场发生的事等，都可以让孩子逐渐把自己的目光转向社会。

如果在此基础上，孩子能够见识到自己父亲职场的大楼，可以看看父亲平时是怎么工作的，那一定会给孩子留下深刻的印象，为你们每天的父子对话增加不少有趣的话题。

我有一个朋友，他是一位电视制片人。他每天忙得不可开交，"完全没有与孩子接触的时间"。

不过，他时不时地会邀请孩子来参加电视台举行的各种各样的活动，让孩子看看自己身为制片人是如何指挥现场的。

因为是在现场,所以毫无疑问他根本没有时间和孩子讲太多的话。

"好好看看爸爸是怎么工作的哦。"

他每次只会提前交代好这一句话,然后就转身投入工作。

但即便如此,他的大儿子在学校担任班级委员,日常发挥自己的领导能力。二儿子也曾在学校布置的作业中写过《我也想成为一位制片人》这样的作文。由此可见我这位友人的孩子们受他的影响之深。

我还有一个朋友,他在某建筑公司上班。当他被外派到一个休息日需要加班的没什么名气的公司时,他带着他的两个孩子一起去参观了那个公司。他对着今后要建造的一栋办公室大楼模型这么对孩子们说:

"这栋大楼的优势不仅仅在于环保和耐震,它最大的优点是能够完美地与周围的环境相融合。"

后来,他的孩子们在暑假的自由研究活动中,分别创作出来《想要建造世界第一高楼的城市——迪拜》和《我心中的美丽街道》这样主题的优秀作品。父亲对此高兴不已,并感叹道:"果然让孩子们看看我工作的地方是十分有益的。"

当然,有一些监管严格的职场会因为安保等问题,禁止外人入内。

如果是这种情况,那么就带着孩子来到大楼前面看看就好:"爸爸就是在这栋楼里上班哦。"

像这样,慢慢给孩子介绍自己的办公桌在几楼、平时在公司做什么工作等,以这种方式来让孩子有一个大概的印象。

"我上班的公司大楼又小又旧,没脸带孩子去看。"

"我不想让孩子看到我向上司或者合作公司的人员低声下气的样子。"

肯定也有人会像上面这样想，但其实在跟孩子讲述的过程中，认为父亲的工作"又小""又旧"或者"经常点头哈腰"这样的想法也会渐渐从孩子心中消失不见。

"爸爸就是在那个地方，为了我们这些家人、为了社会在坚持不懈地努力。"

"原来赚钱是一件很辛苦的事情。"

孩子也一定会像这样渐渐理解工作的意义。

别忘了给孩子打电话

> 不管工作再忙,都请不要忽视对孩子的关心,父母的一言一行时刻都在影响着孩子。

"是小××吗?我是爸爸。我现在刚到札幌的旅馆。"

父亲出差的时候,别忘了给家里的孩子打一通电话,这对孩子来说有着至关重要的意义。

当父亲出差不在家时,孩子总是会在心里想"爸爸现在在干嘛呢"。同时,"今天跟爸爸说不上话了,好无聊哦"像这样想的孩子也有很多。

因此,即便是在出差,在工作之余抽空给家里打一通电话,会让孩子感到无比安心,定然也能感受到"爸爸很关心自己"这样的父爱。

另外,如果出差的时间较长,在旅馆用电脑和手机给孩子发"××今天乖不乖啊"这样的信息也不失为一个好办法,但最能让孩子开心的,还是从出差地点给家里寄一张明信片。

在这样一个信息交流发达的年代,孩子如果能够收到父亲亲手写的明信片,必然会大吃一惊。这种方式比起给孩子发信息更能给孩子带来惊喜。

此外，不管是去国内还是国外出差，出差地点的观光所发售的明信片上新奇的画，还可以提升孩子的想象力。

"这张明信片上画着一片辽阔的沙漠，不知道鸟取到底是个什么样的地方呀。"

"平时只能从图画书上看到伦敦的街道，不知道英国到底是个什么样的国家呀。"

孩子会像这样一边想着出差上班的父亲，一边对父亲现在所处的地方感到好奇。

毫无疑问，等到父亲出差回家以后，除了土特产以外，孩子必定会围着父亲想要听听在出差地发生的一些有趣的事情，此时父亲只要对孩子的疑问一一作答就好了。

还有一点希望大家注意的是，平时如果不是出差，而是加班加到很晚，我希望你也可以抽点时间和孩子做一些互动。

"爸爸还在公司上班哦，不知道今天晚上 11 点之前能不能回家。你今天在学校过得怎么样呀？没有发生什么事吧？"

只要像这样打个电话或者发条短信即可。如果孩子有什么想让你开心的好消息，或者心情不好，想对你倾诉的话，孩子一般都会主动打开话匣子了。

如果加班的时候没法跟孩子打电话，那么可以在回家以后，在已经睡着的孩子枕边对他说：

"今天真是对不起，没能跟你聊天，明天咱们一起泡澡吧，边泡边聊。"

"爸爸今天上班太忙了没能听你讲话，真是对不起。明天要是爸爸能早点回来那咱们就一起来玩游戏。"

如果明明和孩子约定好了"这周末一起进行抛接球训练

哦"，但却因为一些紧急工作不得已要加班，那请一定要正式向孩子道歉，并且做出类似"下周末一定一起"这样的补偿，去抚慰孩子的心灵。

不管工作再忙，都请不要忽视了对孩子的关心，父母的一言一行时刻都在影响着孩子。

陪孩子一起散步吧

> 如果想让孩子变得更优秀,那就一定要增加全家一起吃晚饭的机会。如果无法做到这一点,那就只能在休息日和孩子交流了,我建议可以和孩子一起散散步。

初中、高中毕业于全国顶尖名校开成中学,大学毕业于东京大学的加藤丈夫理事长曾经说过这样的话:

"如果想让孩子变得更优秀,那就一定要增加全家一起吃晚饭的机会。如果无法做到这一点,那就只能在休息日去和孩子交流了,那我建议可以和孩子一起散散步。"

我十分认同这个话。毕竟很遗憾的是,日本的现状是,大部分的父亲在工作日都十分繁忙,基本上没有和孩子接触的时间。

对于身处这种情况的父亲们,我个人的建议是可以在周末的时候试着和孩子一起做饭。不过,此小节就以加藤先生所说的散步来为大家举例说明。

和孩子一起散步这件事一共有两个较大的功效。

第一个功效就是能够清楚地感受到季节的变化。一边散步,一边看着家附近公园或邻居院子里绽放的花草树木,能够亲身感受到四季的变换。

"百日红已经开始凋谢了呀,等它们全都凋谢以后秋天就来了。"

"梅花都开始绽放了呢,看来不知不觉春天就到了。"

就算只有休息日有这种机会,父子之间如果能够经常一边散步一边进行这样的对话,那么不仅孩子长大以后一定能够变得情感丰富,父亲也一定会时常感叹这些逝去的美好吧。

之前提到的坐落于东京郊外的私立小学——菅生学园初等学校,就十分注重这种散步的效果。甚至连每天的教学,都是从早上校长和学生们一起围绕学校散步一周开始的。

第二个功效就是为孩子提供一个机会,让孩子说一些平时难以对母亲开口的话。

在大部分的家庭中,母亲通常扮演的是一种爱唠叨、有什么小事都对孩子念叨个不停的角色。因此,对于孩子来说,和父亲单独相处的时间,就变成了倾诉烦恼和困扰的绝佳机会。

"你在学校有没有碰到什么讨厌的事情?"

"感觉最近学校里的学习怎么样?"

父亲可以用这种方式去引出孩子的话头。

除了散步以外,父亲还可以和孩子在家附近一起慢跑。

在我采访过的那些孩子考上名校的家庭里,有些父亲会在休息日抽出时间和孩子一起慢跑2~3公里。

这种方式不但能够缓解孩子因为备考而导致的运动不足,而且能增强孩子的体力和耐力,万一以后碰上什么事情,至少孩子还能跑得快。

我家以前也有一段时间,我每天晚上都会和女儿一起在家附近慢跑。通过慢跑,女儿的体力大大增强,我们父女之间的默契也随之水涨船高。

"怎么样?是不是跑累了?"

"我没事,倒是爸爸看起来好像很累哦!"

像这样一边互相关心一边慢跑,不仅可以锻炼双方的心肺功能,还能增进父子(女)之间的感情。

正好日本从2008年开始,导入了针对40岁以上人群进行所谓的代谢综合征体检。一旦通过体检被诊断患有代谢综合征症状,或者今后有患代谢综合征的趋势,那就一定要接受特定保健指导。因此,请大家一定要去试一试休息日和孩子一起慢跑锻炼身体,减一减自己的肚子哦。

和孩子一起下厨房

> 我们平时吃的这些动植物，都是一个个鲜活的生命，所以你一定不可以挑食。

这一小节里，我将向那些平日里工作繁忙，没什么时间和孩子说话的父亲们，推荐一个好方法——那就是在休息日和孩子一起下厨房。

最近，以日本内阁府和农林水产省等中央省厅为主，各地方自治体甚至民间企业都开始倡导"孩子的教育从'饮食教育'开始"，让孩子从小开始就能拥有一个正确的饮食生活。因此，如果父亲能够亲自和孩子一起下厨房，那一定能增强这种"饮食教育"的效果。

"我们来一起做晚饭吧！"

不妨用这句话去邀请孩子。

对于大部分孩子来说，和父亲一起做一件事都是新奇而快乐的。因此，大部分情况下，孩子都会欣然答应你的邀请。

那么，父子一起下厨房到底为什么可以让孩子变得更加优秀呢？

那是因为，除了父子之间的交流时间得以增加以外，亲手做饭这件事本身对孩子也有很大的益处。

做饭这件事需要不停地动脑筋。首先，必须要考虑做什么料理。如果打算仅用冰箱中的食材做饭，那么就要去思考如何搭配食材；如果决定外出购买食材，那么脑海中一定要有一个坚定不移的计划。

其次，还要考虑料理的制作过程、火力大小等各种各样的事情。

即使是一份简单的咖喱饭，如果想要做出原创的风格，那也必须要灵活运用自己的创造力。

再次，注意不要切伤烫伤，这些可以锻炼注意力，料理做好以后的摆盘动作还能锻炼孩子的表现力。

总而言之，通过这一系列的操作，可以锻炼孩子的思考能力、表现力、创造力和注意力等"无形的学习能力"。

此外，通过用水洗蔬菜、洗盘子等，还能增强孩子的环保意识；让孩子知道平时吃的肉和鱼等料理，都是从一个个鲜活的小生命制作而来，培养孩子对食物的感激之情。

"你知道吗，家庭用水是造成河流污染的原因之一哦。"

"缓解全球变暖，从我做起，以后要节约用电和煤气哦。"

可以一边做饭，一边跟孩子说一些与环保有关的话题。也可以像这样：

"你面前的这些食物，多亏了那些饲养牛和鸡的养殖户、加工肉类的加工人员，还有运输人员的努力，才能被你吃上的哦。"

"一旦原油的价格上升，那么各种食物的价格也会上升哦，你知道这是为什么吗？"

说一些有关社会构成的话题。如此一来，不仅可以和孩子相谈甚欢，而且这些形形色色的知识也会在不经意之间被孩子记在脑子里。

日本的现状，大概有两成的孩子每天早上不吃早饭就去上学。下午放学之后，又因为要去兴趣班或补习班补课，仅仅吃一些快餐来对付一下晚饭的孩子也越来越多。

长此以往，必定会导致孩子的营养不良，影响孩子的学习和生活。因此，请大家一定要试试休息日父子一起下厨房，一边还可以进行这样的对话：

"每天早上一定要吃完早饭以后再去上学哦。"

"我们平时吃的这些动植物，都是来源于一个个鲜活的生命，所以你一定不可以挑食。"

如此一来，平时经常不吃早饭，或者偏食的孩子，这些习惯也多少能够得到改善。

一起享受户外体验

> 父子（女）一起享受户外体验，不仅可以增加两人的交流，还可以缓解父亲平时工作上的疲劳。

如果你想增加和孩子的接触时间，那么户外活动将会是一个很好的选择。户外活动，顾名思义就是在户外进行一些日常生活中体验不到的活动。

户外活动的种类有很多，其中最具有代表性的主要有以下四种：

1. 以野炊或野外烧烤为代表的"食"；
2. 在野外搭帐篷过夜的"住"；
3. 以垂钓或徒步旅行为代表的"玩"；
4. 除天体观测、昆虫标本采集外，还包括以野外急救法等为代表的各类野外知识的"学"。

"最近是不是跟孩子交流得太少了？"

"不知道是不是因为最近学习压力太大了，总感觉孩子没什么精神。"

如果觉得自己的孩子符合以上情况的，请不要犹豫，立马带上孩子去户外活动吧。

这样做的好处，首先，由于野外的环境和日常生活的环境完全不同，通常会对新鲜事物感到好奇的孩子脸上的表情一定会十分精彩。

其次，在大自然里如何生火、如何节约水资源、如何搭建帐篷才能睡得更舒服等事情，都可以让平时在家养尊处优的孩子去一一体验。

比起这些，还有一个最大的好处就是能够增强父亲在孩子内心的形象。

"风太大了木柴烧不着？来，换我来。"

"你蔬菜已经切完了吗？那爸爸就来切肉吧，肉要切得大块一点才比较好吃哦。"

像这样说话之间，就利索地点好火，准备好烧烤需要使用的道具和食材的父亲的身影，在孩子眼中会显得比平时更加可靠。

其实，我本人以前一直都是"室内族"，直到几年前为止都很不擅长这些户外活动。

如果是什么设备都没有的地方也就算了，不过最近比较主流的野营地里，野炊套餐和帐篷等工具都一应俱全，即使是新手，只要按照网上搜索的教程去操作就没有问题了。

父亲用生涩的手法点火、准备烧烤的材料等姿态，在孩子眼里反倒显得十分新奇。

此外，户外体验不仅仅有野外露营这一个选项。

最近，由于之前提到的"饮食教育"被广泛推广，日本全国各地都出现了名为"教育牧场"的农场。

这些农场是一个通过酪农来对孩子进行心理、生活和"饮食"教育的场所，随便在网上搜一下就能发现，从北海道到九州，日本全国各处都有这样的农场存在。

此处就以枥木县那须盐原市的"体验馆TRYTRYTRY"教育牧场为例为大家介绍一下。

一进入牧场，会认为这仅仅是一个普通的酪农农场，但其实在这里，你不仅可以体验到乳牛的榨乳和与小动物接触的机会，还可以亲自动手制作香肠和卡斯特拉蛋糕等食品，用超低价格就可以享受各种各样的农场体验。所以，这里平时的参观学习人员络绎不绝，是一个超高人气的牧场。

刚到牧场时就会闻到一股很浓烈的牛粪味。等你一边想着"喊，牛粪啊"，在牧场待久了之后再仔细一闻就会吃惊地发现，那浓烈的牛粪味仿佛消失了一般变得不那么臭了。

我们经常会说"山让人得以治愈，海让人得以重生"。不管是野营地还是教育牧场，父子一起享受户外体验，不仅可以增加父子（女）之间的交流，还可以缓解父亲平时工作上的疲劳、孩子学习上的压力，请一定要和孩子一起尝试一下哦。

追寻爸爸成长的足迹

> 值得一提的是，以父亲的故乡为旅行的目的地的效果出乎意料得好。

这一小节，是推荐给那些想要增加和孩子的交流时间，却因为各种原因无法实现的父亲们的。

最近，日本的旅行代理店出现了越来越多专门为父子（们）制定的一日游或两天一夜游等旅行套餐。

其中，又以体验乡村生活或雪国生活，或者父子一起动手做陶艺或动手打荞麦面等体验型套餐内容居多。因此，通过这样的旅行往往可以度过一些日常生活中无法体验的有意义的时间。

有名的高门槛私立中学奈良的西大和学园的校长今村浩章先生曾经说过下面的话：

"我认为，那些父子关系亲密的孩子们在升到初中或高中之后往往上升潜力比较大。当孩子对某些事情感兴趣，想去看看或者想动手试试看时，最理想的情况就是父亲能够立马带着孩子去体验。一家人旅行也好，偶尔的父子单独旅行也好，我认为创造这样增强家人感情的时间是非常有必要的。"

我听到这些话以后感触颇深，随后就带上当时上小学四年级的女儿一起进行了一次双人旅行。

不过，当时的目的地是日本四国岛的爱媛县——既不是如今流行的体验型旅行，也不是女儿一心向往的场所，而是我本人出生长大的地方。当时我直接在网上预约了机票和旅馆的组合套餐，下了飞机以后，根据JR的时刻表，乘坐在来线（日本铁路用语，意指新干线以外的所有铁道路线——译者注）进行了一场三天两夜的旅行。

对我女儿来说，像这样和我两个人单独的过夜旅行还是头一次。而且旅行的目的地还是我的故乡，因此让女儿感到有一些新奇的同时，还有一丝追寻年少时父亲身影的神秘感。

"爸爸上小学的时候是怎么样的？"

"爸爸擅长什么科目？语文吗？不会是体育吧？"

虽然平时也进行过这样的对话，但身处实地时还是会不由得蹦出这样那样的问题。

"这条路就是爸爸小时候骑着自行车走过的路吗？"

"我听爷爷说，爸爸小时候可是家乡远近闻名的孩子。不知道是好名声还是坏名声啊？"

女儿接连不断地向我问东问西，我也只好耐心地一一作答。离开了女儿祖父母依然健在的老家之后，就只剩我与女儿独处，因此女儿和我之间的这种对话变得愈发多了起来。

对于我来说，能够动笔写这本书，说明我和自己女儿的关系本身就不错。而那次旅行结束以后，我感觉自己和女儿的关系变得更加亲密了。值得一提的是，以父亲的故乡为旅行目的地的效果出乎意料得好。

"爸爸上小学四年级的时候呀……"

"爸爸上高中以前,每天都要骑行5公里以上去上学。有一次还因为避让卡车,掉到那边的田里去了。"

从这种回忆开始,一直到:

"爸爸小时候突然有一阵子算术成绩非常差,那个时候……"

"这就是爸爸毕业的高中。爸爸上高中的时候,班上有个家伙脑子聪明得不得了,但是爸爸怎么也不甘心输给他,所以那时候在学习上面花了不少工夫哦。"

比起平时在家里聊天,这种经验之谈,一边追寻父亲长大的足迹,一边交谈的方式,更能深入孩子的内心。当然,毕竟是在旅行,所以可以把确认交通工具的时间和旅行费用管理等工作交给孩子来打理,锻炼孩子的责任心。

日本有句谚语翻译成中文叫作"爱子要让他经风雨见世面",我倒觉得不如说成是"爱子莫若和他一起旅行"。通过这种方式,不但可以增进父子之间的感情,还可以锻炼孩子的责任心,简直就是一石二鸟。

共同的兴趣爱好

> 喜欢汽车的父亲,可以和孩子聊一聊开发汽车时所需的努力;喜欢高尔夫的父亲,可以和孩子聊一聊宫里蓝选手和上田桃子选手在私底下为了比赛做过多少努力。

想要增加与孩子交流的机会,最好的办法就是和孩子拥有共同的兴趣爱好。

对于身为大人的父亲来说,很有可能会觉得孩子正着迷的东西大部分都"很无聊"或者"自己完全跟不上节奏"。

然而,只要有那么一两个爱好是父子共同感兴趣的,就可以以此为突破口,增加与孩子交流的机会。

即便如此,也完全没有必要为了迎合孩子,而去疯狂追捧迪士尼的卡通人物,或者重拾对奥特曼系列的狂热之情,收集贴纸和模型。

在此,我的推荐是可以把自己的兴趣爱好介绍给孩子,让孩子对此感兴趣。

以我们家为例,我的母校是老牌棒球劲旅,时常能够出场春季或夏季的甲子园(甲子园是日本高中棒球联赛的俗称,全称为全国高等学校野球选手权大会。分为春、夏两季，即每年的春季甲子园和夏季甲子园——译者注）。我本人也从小开始就是高中棒球的狂热粉丝。

然而，理所当然的是，我的女儿身为一个女孩子，对棒球的规则知之甚少，毫无疑问也就不懂球队能够出场甲子园到底意味着什么。

于是，我开始从教授女儿棒球的规则着手。

开始以我的故乡爱媛县为重点，向女儿讲述以松山商业高中为首，包括今治西高中、西条高中、宇和岛东高中和济美高中等全国知名的豪强校的故事。特别是夏季甲子园，是包括所有这些豪强校在内的60多所学校通过轮轮选拔竞争，只有最终获胜的高中才能顺利出场的具有至高荣耀的舞台。

"这就好像是学校举行的跳绳大赛，能够出战东京都大赛的只有一人一样。你如果想要战胜对手夺得出场权你要怎么办呢？是不是只有勤加练习了？"

"预选赛只要输了一场就代表着失败，即使平时训练再刻苦也会有战败的时候。这就是淘汰赛的残酷之处。所以想要获胜只能更加努力地练习，高中棒球也是一样的道理。"

"甲子园是一个日本全国都道府县优胜高校云集的比赛。不知道今年会是哪里的队伍夺得冠军呢？会不会是爸爸的母校啊？还是东京或者埼玉的高中呢？"

我有意识地增加了和女儿关于这方面的对话，结果就是女儿逐渐开始对棒球感兴趣了。

我们家的教育主旨是向孩子展示真情实景，因此我曾两度带着女儿一起去观战了甲子园比赛。

不知道是不是因为我如此有意培养的原因，女儿至今仍然对高中棒球十分感兴趣。不但能记住出场夏季甲子园的49所学校，对于一些王牌或主力队员，甚至连他们的名字都如数家珍。

我认为这就是一种理想的状态。

"智辩学园所在的奈良县的主要产业是什么？"

"日南学园所在的宫崎县，是一个什么样的地方？"

女儿不但变得对高中棒球感兴趣，还因此开始积极地学习日本的地理。

此外，每当赛前风评较低的队伍战胜冠军候补队时，或者处于极度劣势的队伍不依不饶地努力，最终逆转比赛获胜时，都可以向女儿强调团队合作的重要性和永不放弃的可贵性。

综上所述，父亲的兴趣爱好对于孩子来说就是一个个鲜活的教育材料。

喜欢汽车的父亲，可以和孩子聊一聊开发汽车时所需的努力；喜欢高尔夫的父亲，可以和孩子聊一聊宫里蓝选手和上田桃子选手在私底下为了比赛做过多少努力。

对于那些由父亲兴致勃勃介绍给自己的东西，孩子总是会很容易就接受。

因此，父亲只要好好利用这一点，培养孩子拥有一些和自己相同的兴趣爱好，那么毫无疑问你们之间的交流就会变得更加频繁，由此还能拓展到社会或者理科的学习方面，或者还能对孩子进行一些道德准则的教育等。

要让孩子亲自体验

不管是体育运动还是绘画展等文艺活动，
让孩子亲身感受才是王道。

和孩子"一起去棒球场"见识一下全垒打吧！"虽然听上去好像有一些炫耀的成分在里面，不过我还是要告诉大家，到目前为止，我把让女儿亲自体验这件事进行得十分彻底。

其中有像种田、挖土豆、赶海还是捉甲虫这种亲身体验，还有像一些相扑、职业棒球、花样滑冰和篮球等体育比赛的观战，亦有像音乐剧、戏剧、相声小品、歌舞伎、欧洲绘画展、雕刻展等陶冶情操的演出和展览会。

类似这种类型的活动，以前大多只会在首都圈附近的大都市圈举办，但是从最近开始，以各地的县厅为中心，地方的中心都市也开始逐渐得以展开。

如果各位所居住的地区有机会举办一些大型的体育赛事或文化活动，那么我建议你不妨时常带着孩子去参加一下。

一提到体育赛事，不管家里的电视屏幕多大，多薄，总也体会不到现场观战的那种磅礴的气势。那种席卷观众台所有观众的独特的气势，在茶水间是绝对体会不到的。

我的女儿，最开始不管是对高中棒球还是花样滑冰，完全都不感兴趣。之后我试着说出像这样的话：

"让我们去神宫球场去见识一下全垒打，放飞喷气气球吧！"

"让我们去给浅田真央和安藤美姬选手加油打气吧！"

邀请了几次之后，女儿现在在职业棒球方面，已经完全变成了东京养乐多燕子队的粉丝；在花样滑冰方面，也变成了中野友加里选手的忠实支持者。

不管是场上出现完美曲线全垒打时响彻赛场的《东京音头》的大合唱，还是旋转三周跳跃后着地时发出咚的气势磅礴之声，抑或者是选手侧滑时冰刀接触冰场时发出的切割声。

通过电视屏幕观看比赛时，这些美丽的声音大多会被解说员或背景音乐掩盖，因此只有在现场才能够真切地感受。这一切都会持续给孩子的五感带来刺激，同时也会让我们父女之间的对话更加顺畅。

对于相扑也是，虽然会感觉"门票有点贵"，但我希望你还是能狠下心去买升席的票（升席是能够容纳4人跪坐的四方形包间席，属于日式传统观众席，通常最靠近前排，价格也最贵——译者注）。然后再去两国国技馆之前，先跟不怎么感兴趣的孩子一起看一次电视里的相扑比赛，简单讲解一下相扑的规则和人气的相扑选手即可。

之后就只需带上孩子去国技馆，让孩子尽情感受相扑选手的块头和磅礴的气势。通过感受赛场观众的气氛，孩子也会渐渐受到感染。

1.不管是体育运动还是绘画展等文艺活动，让孩子亲身感受才是王道；

2. 购买门票；

3. 花了钱就会感觉必须要让这个时间过得有意义才行。因此为了引起孩子的兴趣要提前学习一些相关知识；

4. 带着孩子去现场。

如果能够按照以上步骤去操作，那么父子的交流将会变得更加充实。

新闻等现场也同样如此。

我就曾经带着女儿去过阪神、淡路大地震的受灾现场，和美国纽约曾经发生的恐怖事件现场等这种新闻话题的现场。

站在这样平时只能从电视上观看的现场，可以让孩子产生一种切身的感受，如此一来这些发生过的事件对于孩子来说再也不仅仅是新闻了。

一旦孩子产生了切身的感受，那么以前那些"好可怜""真是不幸"的感想，会转变成"如果自己是当事人呢？""为了防止同样的事情再次发生应该怎么做？"像这样的换位思考。

通过这种方式可以锻炼孩子的思考能力和表现力，所以不光是事件现场，也可以带着孩子去一些新闻或者大河剧［大河剧是指长篇历史电视连续剧，由日本放送协会（NHK）电视台自1963年起每年制作的一档连续剧系列名称——译者注］等里面出现过的人气场所。

要不要给孩子配手机

> 如果因为某些特殊原因,不得不给孩子配手机,那么父亲应该主动给孩子制定一些规定。

这一点在之前也提到过,不知道大家是怎么看待给还在上小学的孩子配手机这件事的呢?

如今这个时代,孩子们都会通过手机短信来相互联系。如果你执意"不给自己孩子配手机",那你的孩子很有可能就会被朋友们排斥,甚至会被抛弃。

另外,最近一些拥有安全蜂鸣器功能、定位系统,以及遇上紧急情况时可以自动报警的"儿童手机"很受欢迎。站在父母的角度,我十分理解想给孩子配备这种手机的心情。

手机其实与网络相同,经常会被人们讨论到底是益处大还是害处大。即使是首都圈内一些有名的私立小学,今后可以初高中连读的学校,对于孩子配备手机这件事也产生了严重的两极分化——允许孩子配备手机和全面禁止孩子配备手机。

我对于此事的观点是:在孩子接受义务教育期间,不应该给孩子配备手机。如果你已经给孩子配了手机,并且时常以"如果你成绩下降了那我就把手机没收了哦"这样的话来威胁孩子,那还不如在孩子上高中之前就不给孩子配手机。

东京都教育厅的调查显示,日常使用手机的孩子,比那些没有手机的孩子学习成绩更好。虽然优势并不明显,但是拥有手机的孩子的语文和算术的正确率比没有手机的孩子要高一些。

我认为,这份数据不可照单全收。

对于那些在东京都内上私校的孩子们来说,出于安全面的考虑,几乎可以说是人手一部手机。

而这些孩子常年在机构补课,又以考上名校为目标,理所当然会比那些什么都不做的孩子学习成绩更好,所以调查出这种结果也无可厚非。

我认为,即便调查数据如此显示,给孩子配备手机这件事对于孩子来说还是弊大于益。

第一,对于那些沉迷于玩手机的孩子来说,发短信的时间将会渐渐取代与眼前家人交流的时间。

我经常在电车上亲眼见过这样的场景:一家四口人乘电车,两个孩子各自忙于发短信,几乎不跟自己的父母进行任何交流。

带孩子去一些观光胜地时,即使广阔的大自然就在眼前,父母就在身旁连绵不绝地感叹,孩子却丝毫不感兴趣,目不转睛地盯着自己的手机屏幕。

每当我看到这种场景,我都会愈发坚信自己主张不给孩子配备手机这件事的正确性。

第二,手机拥有的功能,不仅仅是与人通话。

最近的手机功能越来越多,丰富的手机网站和手机游戏也充斥着各种手机，这些都会给孩子带去不好的影响。

日本 PTA（家长教师联合会——译者注）全国协议会在 2008 年 3 月份发表的"关于各种媒体对孩子的影响调查"显示，五年级小学生中，有大约 11.2% 的孩子会在深夜发短信，3% 的孩子拥有"5 人以上从未见过面的短信朋友"。

给孩子配备手机这件事，会导致这样的结果：孩子总能在无声无息中和其他人互通信息，并且相当于给了孩子一张可以随意浏览成人网站、自杀网站，以及学校黑网等网站的通行证。

虽说以 NTTDOCOMO（日本领先的移动通信运营商——译者注）为首的手机运营公司和自治体等公共机关，为了防止孩子被有害信息所侵蚀，努力寻求家长和学校的认同和理解，开展了限制青少年访问有害网站（过滤服务）的活动，但我认为，最应该实施过滤行为的不是企业也不是自治体，而应该是孩子的家长。

家长能够实施的终极过滤行为可以从根源上解决问题，那就是不给孩子配手机。如果因为某些特殊原因，不得不给孩子配手机，那么父亲应该主动给孩子制定一些规定。

"爸爸一直坚持的都是不给孩子配手机，这其实是为了你好为了保护你。但如果因为去机构补课等原因必须要配手机的话，给你买之前你可要跟我'约法三章'哦。"

给孩子买电脑的时候也可以使用同样的方法。

手机的使用规定

▲不管是通话功能还是发短信功能，都只和家人之间使用；

▲不允许发生用手机上网、玩游戏、与家人以外的人发短信等行为；

▲不把手机带到学校去，也不把手机带回自己的房间。

电脑的使用规定

▲电脑放置在客厅而不是孩子的房间，只有父母在家的时候才能使用；

▲上网时间每天最长不可超过一个小时。

如果不得不给孩子配备手机或电脑，那么我认为，最起码要给孩子制订以上的使用规定。并且，还要以前文提到的书面的形式进行约定。

那些毒害孩子的信息大多来自媒体。

特别是像手机和电脑这样的文明利器，动不动就会给孩子植入扭曲的价值观，让孩子陷入危险之中。因此，如何防止孩子因此受到伤害这件事，是每一个父亲所要进行的最大的危机管理。

做孩子的好榜样

> 如果想增加与孩子的对话,那么同时也应该增加与妻子之间的交流。

"如果想增加与孩子的对话,那么同时也应该增加与妻子之间的交流。"

这个话,是我从阴山英男老师和那些被尊称为精英教师的口中听来的。

如果想要让孩子拥有学习的欲望,那就一定要做好"家庭文化"的基础工作。孩子对于知识的渴求是否会生根发芽,从某种意义上来看,完全取决于父母之间有没有做好这样的基础工作。

"你看这个怎么样?这是今天百货商店打折的时候买的,好不好看?"

"嗯,还行吧。"

这种就是随意敷衍的欠缺对话型。

"我们孩子这么大了还不会游泳呢。要不给他(她)报一个短期游泳培训班吧?"

"我都行啊,随便你。"

这种是不管听到什么话都用"随便你""交给你了"应付了事的放任不管型。

"你也去管管孩子的学习啊!"

"我每天累得不行,你是家庭主妇这种事情当然由你做啊!"

这种则是倒打一耙拒绝合作型。

当然,我相信还有很多其他的类型,但不管是以上哪种类型的父亲,都没能为孩子构建一个好的"家庭文化"。

我们都知道,孩子会模仿父母的一言一行,如果父母之间都不能好好说话,那么孩子也自然而然,特别是不会与父亲好好对话了。毫无疑问,更不会听了父母的话之后增强自己对知识的渴望了。

"我今天太累了,这个能以后再说吗?"

"主妇每天轻轻松松的真是好。"

"你就不能把房间打扫干净一点吗?"

"你说你想考证?就你这样应该不行吧,做点其他的事不好吗?"

如果你曾经无意识中说过上面这样的话,我希望你今后可以把这些话转变成下面这种让人可以感受到你诚意的话。

"真是抱歉,我今天实在是太累了,明天我们再好好说这件事可以吗?"

"谢谢你每天这么努力为家人着想。"

"我们一起来打扫一下房间吧。"

"考证?这种积极向上的态度很了不起啊,我和孩子会一起给你加油打气的。"

如此一来，夫妇之间的交流将会有很大的改善，包括孩子在内，家里的氛围定然会变得活跃，有什么话都可以畅所欲言。

日本全国亭主关白协会（关白协会即日本丈夫协会——译者注）会长天野周一先生曾经通过写书和举办相关活动，在以日本福冈为中心的各地区，开展了"在家中好好疼爱自己的妻子"活动。天野周一先生列举了3个保证家庭圆满的小秘诀，如下所示：

"丈夫不要害怕对妻子说'对不起'；不要犹豫对妻子说'谢谢你'；不要害臊对妻子说'我爱你'。"

通常情况下，"我爱你"这句话在和妻子结婚多年以后，会变得难以说出口，但是请一定不要害羞，勇敢地去表达对妻子的爱吧。

父亲的话语无时无刻不在影响着孩子——这一点也是本书的中心思想。因此，希望各位父亲可以通过和妻子之间的交流，去创造一个在家里谁都可以畅所欲言的家庭环境。

第五章

培养孩子应对未来能力的聊天魔法

孩子仅仅"头脑聪明"是远远不够的。

那东西需要自己存钱去买

> 不管孩子有什么理由,都必须让孩子自己想办法用每个月的定额零花钱去买自己想要的东西。

头脑聪明的孩子有许多共同点,比如"坦率""有耐性",等等。

"坦率的孩子"通常比较容易接受老师和父母的建议;而"有耐性的孩子"则通常比较自律,做什么事都不会半途而废。

反过来说,以一种叛逆的态度去抵御其他人的劝诫、无法克制自己的好玩和懒惰、做事经常半途而废的孩子,则往往会在不经意间就被时代淘汰。

培养孩子"坦率"性格的方法,就是我之前提到的:保证充足的父子对话时间,父亲通过使用高超的表扬和批评孩子的方式去教育。而培养孩子的"耐性",我认为则需要一家之主的父亲,亲自向孩子展现自己对待事情的态度。

很容易就放弃、轻易就把问题丢给别人、碰上困难转身就跑、完全禁不住诱惑等,这些都是孩子容易染上的"毛病"。

因为这些孩子不知道只要稍做忍耐就可以克服困难，享受成功的喜悦。

忍耐对于孩子来说，是将来为了实现梦想和目标必须要拥有的通行证。我认为，在社会上久经历练的父亲，应该从日常生活开始，给孩子树立一个好榜样，让孩子趁早掌握这种通行证。

其中，最具代表性的例子就是孩子的金钱观念。

据某份不知名的调查显示，虽说两极分化严重，但当今日本小学四年级到六年级的学生平均每个月大概都能拿到600~1000日元的零花钱。

我认为这是一个十分恰当的金额，如果这些钱能够孩子每个月的花费，那就没什么好说的了。可是现在大多数家庭中普遍存在的问题是，孩子经常一拿到零花钱后就立马花光，然后再向父母要。与此同时父母基本上都有求必应，不断给孩子零花钱。

"妈妈，我真的好想要这个啊，求你给我点钱吧！"

孩子通常会像这样向父母要钱。哪怕是很小的金额，只要你满足了孩子的条件，孩子就会想"就算没有钱，只要问父母要就会给我了"。如此一来，设定好的每个月零花钱的金额也就成为了摆设。

其实，如果钱花完了，无法购买自己非常想要的东西，那么孩子一定会开始思考：

"都怪自己之前花钱大手大脚，没有为之后做打算，才会变成这样的。"

"下次一定要把钱攒起来以便碰到更想要的东西时可以

立刻买下来。"

像这样，自己去思考应该如何花钱，既可以让孩子养成良好的自控能力，又可以锻炼孩子的忍耐性。

因此，万一孩子的母亲宠爱孩子，打算再给孩子零花钱时，身为父亲的你应该像这样：

"不管孩子有什么理由，都必须让孩子自己想办法用每个月的定额零花钱去买自己想要的东西。"

严厉地告诉孩子自己如果有想买的东西，则必须要用每个月的定额零花钱去想办法。这种方法同时也可以让孩子体会到赚钱的不容易。

我有一位朋友，每次孩子零花钱花完后来找他要钱时，他都会毫不犹豫地就递给孩子一张一万日元大钞。

如果从孩子上小学时开始，就让孩子习惯了动辄父亲就会给自己一万日元，那么以后孩子必然会对几百日元的小钱嗤之以鼻。甚至过年收到压岁钱的时候，都会露出像"切，才一万日元啊"这样轻蔑的表情。这样的孩子，你还能指望他（她）聪明到哪儿去吗？

其实想想当年社会反响巨大的活力门事件和村上基金事件（这是2006年日本证券金融市场的一起事件。由于这起事件是由日本活力门公司的丑闻引起的，因此被称为活力门事件。事件简单来说就是由于数人做假账导致日本股票市场整体暴跌——译者注）就不难知道，无论一个人再怎么聪明绝顶，如果他的金钱观念有问题，就会对他的人生之路产生负面的影响。

不仅是零花钱方面，给孩子买生日礼物或圣诞礼物时也同样要注意。

比如当你去问孩子生日或者圣诞节想要什么礼物时，不管孩子每次说多贵的东西你都照单全收地满足他（她），那孩子必然会被你宠坏，渐渐变成一个没有耐性的人。

"那东西需要你自己存钱去买。"

"你上小学的这段时期爸爸是不会给你买的，等你上了初中以后再说吧。"

可以像这样，通过日常的这些小事让孩子知道金钱的可贵，并将自己的原则展示给孩子，锻炼孩子的忍耐力。

爸爸想要什么也需要先存钱

> 让孩子明白"自己现在能用的钱就只有这么多",这是为了教育孩子即使再想买一件东西,有些东西也并非轻易就能到手的。

想要培养孩子正确的金钱观念,将孩子教育成一个有耐性的孩子,存钱是一个快速又高效的办法。

比如可以告诉孩子把每个月剩下的零花钱存到存钱罐中。而压岁钱对于孩子来说更是一笔巨额的临时收入,因此,不妨帮孩子以孩子的名义存到银行里去。

如果孩子想买一件非常想买的东西,那么就算还有许多其他想买的东西,也必须学会忍耐,先存够钱把最想买的东西买下来。让孩子养成这样的习惯是十分有必要的。

孩子接触的这些金钱当中,最需要谨慎处理的就是压岁钱。通常来讲,压岁钱对于孩子来说是一笔巨款。加上今年日本少子化问题的加剧,经常会出现多个大人给一个小孩压岁钱的情况。因此,只要过年带着孩子拜访一趟亲戚,基本上孩子都可以得到几万日元的压岁钱。

据民间机关的调查显示,当今日本小学生从父母和亲戚那里，平均每年可以获得一万五千日元左右的压岁钱。虽说这个钱名义上是给孩子的，但是如果就这样直接把这笔巨款都给了孩子，那么孩子的金钱观念瞬间就会被打破。

因此，我推荐可以给孩子一小部分压岁钱，剩下的钱存起来。

让孩子明白"自己现在能用的钱就只有这么多"，这是为了教育孩子即使再想买一件东西，有些东西也并非轻易就能到手的。

"你最想要的东西是什么？游戏吗？那要花多少钱呢？"

"你为什么想要那个东西呢？"

可以先用这种方式问问孩子，然后再像这样对孩子说：

"那就先忍一段时间，等你攒够了钱再买吧。"

即使孩子想买的东西价格低于压岁钱，我的建议是也不要直接给孩子买。

"你可以把每个月的零花钱和帮忙做家务得到的工资存起来，这样只需要再存 ×× 日元，就可以用自己存的钱去买了。"

应该像这样教给孩子：想要的东西需要通过自己的双手去努力争取。

然后，等孩子真正开始存钱以后，可以偶尔和孩子一起确认存折或者存钱罐里的金额，让孩子感受存钱的喜悦。

让孩子存钱买东西还有另外一个好处，那就是孩子在存钱的过程中，会自己反思"我是不是真的想要这个东西""我现在最需要的其实是其他的东西"，等等。

需要注意的是，对孩子采取这种存钱买东西的方法的同时，身为父母也应该在一定程度上做到这一点。

比如当孩子的母亲问你：

"我今天在百货商场看到了一件好漂亮的衬衫，而且现在刚好在打折，可便宜了，你说我明天要不要去买下来？"时，至少在孩子的面前，你也不能那么轻易就答应她，可以像这样：

"小××都在自己存钱买东西，你作为她妈妈也要以身作则，存好钱以后再买吧！"

在孩子面前保持言行一致。

当然，父亲自己就更不用说，必须给孩子树立一个模范"形象"。

在我家，一家人一起存钱去美国大陆或者夏威夷等地进行长途旅行已经变成了每年的家庭惯例活动。

并且，一家人在当地使用的钱，都是从各自每个月的零花钱中存下的钱，兑换成美元之后带过去的。

以上次去的夏威夷为例，女儿为了能在旅行途中可以毫不吝啬地想买就买，足足存了一年的零花钱换成美元带了过去。

因为是在国外，所以有很多在日本见都没见过的新奇玩意儿。果不其然，女儿存的那点钱很快就见底了，但是我们也坚决没有再给她任何的资金。

此外，就连我和妻子也是一样。虽然在旅行的最后一天，我看上了一件帅气的衬衫、妻子看上了条小资的首饰，但因为我们各自存的钱已经花完了，所以最终还是忍住诱惑，没有多花钱或者刷卡去购买。

"爸爸的预算花完了，等我下次存好了钱再来买。"

我一边心里想着"好想要啊",一边咬着牙忍痛对女儿强调道。

虽说付出了这样的代价,但我认为,长此以往,可以让孩子拥有"预算是有限的""花钱的时候一定要考虑预算"这样的意识。

在如今这个物欲横流的时代,光就日本来说,像手机、游戏软件等对孩子诱惑巨大的新鲜商品层出不穷。所以,父亲应以身作则,向孩子展现这种忍痛割爱的姿态也是十分重要的。

原来爸爸也在忍耐啊

> 我虽然几度想过要放弃,但是转念一想又不甘心就这么认输,我就咬牙坚持下来了。后来自然而然就变得擅长了。

"对付讨厌写作文的孩子,父亲可以给孩子讲述一下自己写作文的感受。"

"对付讨厌算术的孩子也是一样,父亲可以给孩子讲述一下自己小时候是怎么学习算术的。"

我经常会在我的演讲上说上面这样的话。

偶尔,在我演讲完的几周后,我会收到这样的邮件或者信件:"听了您演讲的话以后,我回家试了试。发现我的孩子真的学会忍耐了",每次看到这样的消息都会让我开心不已。

事实上,如果父亲能够亲口告诉孩子自己的忍耐体验,那么孩子一定会想"原来爸爸也是一样啊""原来爸爸也在忍耐啊"。因而也会油然而生出一种"那自己也要加油"的心情。

接下来就以作文为例给大家说明一下。

在所有学校布置的家庭作业里面,我女儿最不擅长的就是作文和读后感。

别看我现在已经出版了自己写的书,在电视台总能够麻利地整理好新闻稿和节目剧本,其实,我上小学初中那会儿也十分讨厌写作文。特别是上小学的时候,经常会像这样"我不想写作文""我放弃了"向父母求助。我把这个事情原原本本地告诉了女儿。

"爸爸不是很擅长写作嘛,你连书都出版了好几本了?"

女儿好奇地问我。于是,我就顺势把我小时候怎么吃苦学习、怎么埋头于信纸练习舞文弄墨一股脑儿全都说给女儿听了。

"爸爸也很讨厌写作文或者读后感哦。我上学那会儿每次都把这项作业留到最后来做。爸爸也和你一样,每次写的时候都好像是被父母赶鸭子上架一样。"

"虽然我好讨厌写作,但是我一直会在脑海里左思右想到底要怎么写才能写好。慢慢地写作水平就变好了。"

这种话说一次两次可能并没有什么效果,但是每当女儿作文写不出来的时候,我就会把这些话说给她听。渐渐地,女儿开始觉得"自己也要克服写作的困难",于是变得不再烦恼。

其他的科目甚至对待生活的态度也同样如此。

"我虽然几度想过要放弃,但是转念一想又不甘心就这么认输,我就咬牙坚持下来了。后来自然而然就变得擅长了。你难道甘心就这么轻易认输吗?"

"爸爸当时为了考上心仪的学校,每天早上都比别人早起一个小时,即使是寒冷的冬天,也坚持用冷水洗脸,努力比其他的同学花更多的时间去学习。"

　　像这样，把过去的忍耐体验尽量具体地描绘给孩子听。

　　此外，身为父亲的你，还可以利用吃晚饭的充裕时间，给孩子讲讲现在的生活有多么来之不易，自己付出了多少才迎来了今天的好日子，等等。

　　对于孩子来说，这些事情都是自己的父亲过去经历过的，因此会十分具有代入感，可以说是最佳的改变孩子意识的教科书。

自己的东西自己拿

> 想让孩子变得优秀,自己拿自己的东西这件事是最基本的要求。

在电车上,经常会看到父母帮孩子拿行李的场景。从结论上来说,我认为这样做是错误的。

想让孩子变得优秀,自己拿自己的东西是最基本的要求。

我家的情况是,我女儿每天都要从家坐1个多小时的电车去东京都中心的私立小学上学。因为女儿和我出门的时间大体相同,所以我们一直到中途都是坐同一辆电车。女儿每天带的东西非常多,大致上有:美工服、吃饭时使用的围裙、图书馆借的书等物品。虽然这些物品对于女孩子来说比较重,但我还是坚持每天让她自己拿。

"自己的东西要自己拿哦。"

这个教育方针从女儿刚进小学起就被贯彻执行。

这样做的理由,是为了培养孩子的责任心和判断能力。

每天去上学的前一天晚上,孩子都要一边想"明天学校会用到什么呢,老师说明天要带什么去学校来着?",一边把教科书塞进书包,然后把其他需要用到的东西塞进手提袋里。

如果，这个过程每次都是由父母来帮忙完成的，那孩子必然会养成过度依赖父母的毛病。万一哪天东西忘带了，甚至还会"都怪爸妈没帮我装进来"像这样责怪父母。

不仅是前一天的准备，当天的也同样如此。自己准备好的那些东西也要负责把它们安全背到学校去。

"万一忘到电车上那可就麻烦了。"

"必须要把这些东西完好地背到学校去。"

孩子慢慢就会养成这种习惯，逐渐成长为一个细心的孩子。此外，一家人一起出去玩也同样如此。

比如打算去爬山，那么就可以这样说：

"因为要进山里，说不定会很冷，所以还是把毛衣带上吧！"

"到时候肯定会很渴，所以还是换个大点的水瓶去吧！"

像这样让孩子自己去思考爬山的时候要带什么。

身处这种情况时，大多数孩子都会既想带这个又想带那个，结果背包往往会变得又鼓又重。此时，你可以让孩子再仔细看一看自己刚才挑选的那些东西，从中选出觉得真正需要的东西，这时孩子则会"虽然很想再多带点零食去，但还是忍忍吧"像这样变得更加理智。

当然，没有谁是生下来就会整理行李的。因此，孩子肯定会体验到因为没有带厚衣服而在山里冷得发抖，或者往背包里装了很多没必要带的东西背着累得不行等事情。

只有这样，孩子才能深刻体会到自己的东西自己拿、自己准备好的东西自己要负责的意义所在。如此一来，下一次孩子就会仔细思考可能出现的各种状况，挑选一些真正需要的行李。

请站着来上学

在电车里原则上不允许坐着,请站着来上学。

说起在电车上经常能看到的场景,还有一种我觉得别扭的场景就是,孩子坐在座位上,而家长却在旁边站着。

经常是一位母亲带着一个大概是小学生的孩子上车,然后母亲看到空位以后就立马对孩子说:

"小××,快来这里坐。"

乍一看这个场景好像还挺温馨,但是为了孩子的将来考虑,我还是不建议大家模仿这种行为。

日本的这种场景在纽约或者伦敦的地铁上则刚好相反:要么是孩子站着,父母坐着;要么就是父母和孩子一起站着。

我认为,除非是电车内非常空旷,否则平时乘车时还是应该让孩子站着。

"乘电车时能不坐就不坐。"

"即使够不到吊环,那也只要牢牢抓住扶手就好了。"

我女儿上小学的时候,我就是像上面这样教育她的。

我这样要求她的原因有两个。第一个是当女儿一个人乘电车时，她如果坐着那就很容易睡着，所以我担心她睡过头坐过站；第二个是在摇摇晃晃的电车中保持平衡，多少可以锻炼女儿的脚和腰。

东京有名的私立小学——早稻田实业学校初中部，在开学仪式上就是这样指导孩子的：

"从入学仪式后的第二天起，以后每天都要一个人坐电车上学。在电车里原则上不允许坐着，请站着来上学。"

其中的缘由也是如此。

其中第二个理由——锻炼脚和腰其实也很重要。

根据日本文部科学省的"体力运动能力调查"显示，当今孩子（小学六年级学生）的体力与20年前相比，有显著下降的特征。

日本文部科学省"体力运动能力调查"（2006年5~7月的调查结果）

▲50米赛跑的平均时间（单位：秒）

·小学六年级男生　1987年　8.60　2006年　8.89

·小学六年级女生　1987年　8.91　2006年　9.22

▲掷垒球的平均距离（单位：米）

·小学六年级男生　1987年　33.41　2006年　29.46

·小学六年级女生　1987年　20.32　2006年　14.27

之所以数字会下降这么多，其中有很大一部分原因是之前的孩子都在外面玩耍，而现在的孩子则大多在家里玩游戏、上下楼基本全都改乘电梯等，导致如今的孩子普遍缺乏运动。

人们常说首都圈等大都市圈很难出现那种运动能力拔群的顶尖运动员，这其实是有迹可循的：都市里高楼林立、附近又鲜有广阔的公园；孩子平时都要去机构补课，没有时间玩耍；几乎所有的大楼里都配备了电梯、扶手电梯等物品。

反观如今在美国棒球职业联盟大显身手的松坂大辅选手和日本千叶罗德海洋队的唐川侑己投手，他们之所以能够如此顺利地成为职业选手，据说还是多亏了他们孩提时代经常在家门外玩耍，因而那时候就已经为未来打好了基础。

看了这么多优秀的例子，我们也该从自身做起，至少在乘电车或者巴士等交通工具时，为了孩子的安全考虑，也应该让孩子站着，与此同时还能锻炼孩子的脚和腰。此外，如果自己家就住在3~4楼，或者逛百货商场的时候，不妨和孩子一起爬楼锻炼锻炼身体。

让孩子自己动脑去想

> 孩子知道方法以后自然就会觉得学习是一件有趣的事。

父母关心孩子的学习,对于培养家庭的学习气氛是再好不过的了。

据日本文部科学省在 2007 年 4 月实施的全国学历调查显示,有高达 32.8% 的小学六年级学生,每天在校外的学习时间为"1 小时以上,2 小时以下"。

然而另一方面,回答"30 分钟以下""完全不学习"孩子的比例,加起来也超过了 15%。换句话说,平均每 7 个孩子里就有一个孩子除了在学校上课之外,平时几乎完全不学习。

以全国学历调查的结果为铺垫,再来看看这些孩子们的学习成绩可以发现:每天在校外的学习时间超过 3 小时的孩子,与在校外完全不学习的孩子相比,基础考试题类型里,算术 A 的分数,前者比后者高 20 多分;语文 A 的分数,前者则比后者高 15 分有余。

就更不用提应用考试题类型的算术 B 和语文 B 的差距会更大了。由此可见,在校外学习与否所导致的学习成绩的差距,在孩子上小学六年级时就已经表现得如此明显了。

我并非在告诉大家一定要让孩子从小学起就拼命学习。然而，现实情况是，在许多的家庭里，对于那些在家里完全不学习的孩子，即使父母想强行让孩子坐在书桌前学习，往往也无从下手。我认为为了防止这类事情发生，孩子的父母至少有一个人平时要多多关心孩子的学习。

对于那些去机构补课的孩子来说也是如此，如果能够回家以后也能复习一下在机构学到的知识，那自己的基础将会更加巩固。这也是需要父母从关心孩子学习开始做起的。

话虽如此，如果在关心孩子学习的时候，对孩子的做法指指点点，那可算不上是一位称职的家长。

比如说，一部分家长喜欢在孩子被一些简单的应用题，或者不是很难的图形问题难到的时候，喜欢立即就教给孩子"这样做不就好了吗"。特别是那类平时工作很忙、脾气很急的父亲最容易如此。

如果这种时候立马就对孩子出手相助，那等孩子直面一些更加困难的事情时，孩子可能就不会想着要自己去克服，而是会产生"随便找个人帮帮忙，能躲一点是一点"这种懒惰的心理。

因此，即便在那个场合孩子在你的指导下得出了正确答案，也并不代表孩子掌握了这种方法。倒不如多给孩子一点时间，仅给孩子一些小提示，让孩子自己动脑去想。

我们假设孩子现在正在对下面这道题目苦思冥想：

假设有一条长150米的马路。从这条马路的一端到另一端一共有16根间距相等的电线杆。

请问：

1.电线杆与电线杆之间的间距是多少米？

2.假设现在要在两根电线杆之间种7棵间距相等的树，那么树之间的间隔应该定为多少米？

你只要像这样给孩子一点提示，让孩子自己去思考即可：

"让我们试着动手画一画吧。假设只有三根电线杆，那么你想想它们之间会有几个间隔呢？没错，两个间隔。那如果电线杆变成了五根又会怎么样？对，那就有四个间隔了。"

"既然我们求出来了电线杆之间的间隔，那么在电线杆之间种树也是同理，树和树之间又会有几个间隔呢？"

"你想一想，一条直线上两端都有电线杆，它们之间的间隔是不是一个呢？如果只有一端有电线杆，你可以假设在旁边加上一条来看嘛。这样的话，16根电线杆的间隔是不是有15个呢？"

希望大家可以尽量避免使用这种，直接告诉孩子答案的方式。

孩子知道方法以后自然就会觉得学习是一件有趣的事。"解开了""做出来了"这种瞬间，会不断地给予孩子"那就把下一个问题也解决了吧"这样的动力。因此，当父亲在孩子身后看孩子做题的时候，请尽量选择那种可以给孩子带来"我懂了""做出来了"这种喜悦的教育方式。

如果这样还不行的话，那我的建议是可以放大孩子在自己擅长科目上的成就感。

比如孩子擅长算术但语文不太好，那就可以像这样"小××，你算术做得很好嘛"，稍带夸张地赞扬孩子擅长的科目，把语文先放在一旁，暂时先把算术题攻下来。

对于孩子来说，如果是自己擅长的科目，那么也会比较容易感觉到"我懂了""做出来了"的喜悦，由此感受到学习的快乐。如此一来，就算是不擅长的语文，也会产生一种"做着做着说不定就会了……"的感觉，孩子很有可能就算碰上不擅长的题目也能够耐着性子做到最后。

留给孩子思考、表达的空间

> 父母不应该抢在孩子前面,应该给予孩子足够的思考时间,帮助孩子养成爱思考、表现自己的好习惯。

一些工作能力很强的人,特别是那种善于观察的人,经常会抢在对方思考之时就把话说出来。

"你觉得这件事应该按照什么流程来处理?"

像这样一边问对方,等对方还在思考的时候,就迫不及待地说出:

"首先,要去找营业部的担当谈一下,做好准备工作以后再让企划部把计划做出来,对吧?"

仿佛读心术一般把对方正在思考的事情说了出来。还有一种,就是像那种通过观察同事的举动,判断出"他现在应该很需要这样的资料",然后以迅雷不及掩耳之势帮同事整理好这些资料的人。

在那种形势瞬息万变的商业战场上,拥有这样的能力是十分令人羡慕的。然而,需要注意的是,如果把这种方式运用到教育孩子身上,那往往会适得其反。

在前面的内容里，我提到要经常问孩子"你怎么想？""你觉得是为什么呢？"。让孩子思考，这样可以锻炼孩子"无形的学习能力"，提升孩子的思考能力和表现力。

除此之外，还有我前面提到的让孩子感受"我懂了""做出来了"这种喜悦感，和之后会提到的"我输了""没做到"这种懊恼的感觉也是至关重要的。

从这方面来看，给孩子足够的时间去思考，父亲在一旁耐心等待的这种姿态是十分重要的。接下来就为大家举几个例子。

比如，现在是一个你带着孩子去买衣服的场景。

"这件西装，不仅颜色设计很棒，你穿在身上也很合身，好的，那就买这件了。"

"你已经是五年级的孩子了，很适合去读这些书，我全给你买下来。"

类似这样的话语，完全没有给孩子思考的余地。所以，比起上面这些话，下面的这些内容才会让孩子自己去思考选择。

"你想要什么样的衣服？爸爸在旁边帮你看着，你自己选选吧。"

"想看的书有个2~3本就可以了。一次性买太多你也看不完，所以你从这里面挑几本最想看的，然后再告诉爸爸你为什么想看这几本书。"

让孩子说出喜欢这件东西的理由，可以提升孩子的表现能力。

接下来假设是日常对话的场景。

假设带着孩子碰上了一个好久都没见的亲戚，亲戚问孩子：

"小××你都长这么大了啊！已经上四年级了啊，你喜欢学什么科目呀？"

或者，带着孩子去看儿科医生，医生问孩子：

"你哪儿疼啊？有什么感觉？"

这种时候，如果在孩子一旁的父亲像这样回答：

"××最喜欢理科了。"

"孩子说从昨天下午，嗓子就开始疼了……"

什么事都抢在孩子前面帮孩子回答了，那么孩子自己思考、表现的机会就会越来越少，逐渐也就懒得在脑海中组织语言了。

我曾经站在好几所首都圈大学的讲台上，向20岁左右的学生们教授时事问题。在此过程中我发现一个令我大吃一惊的问题：那就是不管这个学校是好还是坏，有很大一部分的学生都只能用简短的话语说话，同时仿佛丧失了长时间思考的能力。

更让我吃惊的是，当我试着询问这些学生小学时代的家庭环境时：

"在家里不管我要做什么都是由父母决定的。"

"就连来这里上学都是我父亲帮我决定的。"

大多数人的回答都是这样。

后来，我仔细一想才渐渐想明白，父母不应该抢在孩子前面，应该给予孩子足够的思考时间，帮助孩子养成爱思考、表现自己的好习惯。

我知道，这对孩子来说可能难度巨大，但只要父母能够经常用温柔的声音对孩子说："自己想一想"，那孩子也定然会积极地自己去思考。

此时，如果孩子说的话有不足的地方，或者孩子的表现很奇怪，那父母再出手帮孩子补充、修正就好了。

诚然，不去深入思考、在人前从不表现自己会活得更加轻松，但这样的孩子不会成长。想要引导孩子踏出舒适圈、努力组织语言去表现自己，就需要父亲做出等待和鼓励的姿态。

爸爸可是不会放弃的哦

> 我给女儿做了一个好榜样，教会了女儿只要不轻言放弃，那前方一定会有一条康庄大道在等待着你。

在工作中，有时候会碰到一些无法言喻的难题，深陷其中无法自拔。特别是一些自己完全没有经验的工作内容，或者是要求一些自己没有掌握的技能等，让你束手无策只想逃避。

在生活当中也会遇到类似的现象：比如明明为了抵御代谢症候群开始减肥，但还是输给了美食的诱惑；虽然起步很晚，不过还是打算开始学习英语，但因为工作太忙、太麻烦、花费太高等各种理由中途放弃等。

在这里我要说的是，父亲千万不要把自己轻易放弃的姿态展现给孩子看。

2007年日本文部科学省实施的全国学历调查显示，当碰上算术或语文的难题时，"放弃的孩子"和"不放弃努力解答的孩子"的正确率的差距，算术有将近20分、语文也达到了10分以上。

这一点不光会体现于考试分数，等孩子长大以后，同样会体现于各个方面。

在我执教的大学里，有许多拥有"反正我肯定成功不了""反正我就是个不行的人"等想法，明明还很年轻但却仿佛已经放弃了自己整个人生的学生。

他们的脑海里充斥着"反正是个三流野鸡大学，找工作肯定也找不到"这样负面的想法，所以我经常会给他们灌输"你们的人生才刚刚开始""你的未来还有无限的可能"这样的思想。

像这样的孩子，别说是从零开始起跑了，简直就直接输在起跑线上了。

为了不让孩子变成上述这种反面教材，孩子的父亲应该从孩子上小学时开始，就应成为孩子的榜样，教会孩子"永不言弃"。

"爸爸我可是不会放弃的哦。"

"不管碰到什么事都要忍耐忍耐再忍耐。"

我在家的时候，就经常会像这样念念叨叨。既是为了给自己加油打气，也是为了向女儿展现父亲高大的形象。

之前我也提到过了，我本人在电视台工作的同时，还兼任大学讲师，课余还喜欢像这样写写书。

也许在其他人眼里，我的人生好像是顺风顺水。但其实，几年前在我开始写书的时候，也曾连续遭遇过这样的事情：我拿着历时数月去采访，并且投入了大量的私人时间才写好的手稿去访问各大出版社，但最终却无人问津。

"你没什么名气，书出版了肯定卖不出去。既然卖不出去那我们当然不可能去出版。"

各大出版社的编辑给我的回答如出一辙。我甚至有好几次都想过要放弃。

但是我心里很清楚,"如果我就这么放弃了,那看到我这个样子,今后女儿自己一旦碰壁,肯定也会很快就放弃了"。

于是我拿起手稿再三修改之后,又开始坚持每天去访问出版社。最后终于让我成功了,至今为止我已经出版了十几本书,接受了许多报纸和杂志的采访,就连当初把我的手稿视作废纸的出版社编辑,也给我发来了"您下本书可不可以写这种题材?"这样的邀请。

除此以外,最让我感到开心的就是,我给女儿做了一个好榜样,教会了女儿只要不轻言放弃,那前方一定会有一条康庄大道在等待着你。

"爸爸好棒啊,就连那样都没放弃呢。"

听到孩子对我说的这句话之后,我的心底泛起了一丝自豪和坚定:女儿也会被我培养成一个不轻言放弃的人。

如果因为感兴趣而开始学习外语,那就学到底;如果为了身体健康决定每晚都要出门慢跑,那就哪怕只跑一点点距离,也一定要坚持不可间断。

父亲决定"想试试"的事情,至少持续1年以后,就可以慢慢收获成果了。

当孩子心悦诚服地对你说"爸爸从来不放弃"时,永不言弃的精神就已经在孩子幼小的心灵留下了深深的印记。

这样就要放弃了吗

> 如果父亲能够通过运动，让孩子体会到输掉比赛的悔恨、做不到某件事的遗憾，那结果就会大不一样了。

培养孩子的耐性，最好的办法就是让孩子去运动，或者学习其他的技能。

虽然近年在首都圈或者关西圈，父母强迫孩子学习大量内容已经成为社会性的问题，导致现在人们对学东西都有一个很坏的印象，但我认为，如果想要锻炼孩子的内心、让孩子变得更优秀，适度的学习必不可少。

在我家，我让我女儿学习了迷你篮球和弹钢琴。我曾在采访那些考上首都圈或关西圈名校的孩子们时，发现这样一个问题：大部分的孩子除了去学校上学以外，最多只会多学一两个其他技能。

那么，为什么这种课外学习也如此重要呢？

其实，并不是为了让孩子享受胜利之后的喜悦，而是为了让孩子从"我输了""没做到"中学习。

我女儿迷你篮球的技术绝称不上好，虽然比从没玩过的人要强一点，但是在其他学生云集的俱乐部队伍中，她连首发的资格都混不上。弹钢琴也是一样，一开始两年还比较顺利，但后来随着曲目难度的增大，她也逐渐陷入了苦战。

简而言之，通过篮球这个运动，女儿知道了这世上并不是所有事情都会如自己所愿，山外有山、人外有人的道理；而通过弹钢琴，女儿又深刻体会到了坚实壁垒的存在，和无法轻易跨越壁垒的遗憾。

"你确定要放弃棒球了吗？"

这句话，是一位父亲，对自己考上开成中学的大儿子说的。这个孩子因为平时上私校占用了自己大量的时间，所以在棒球队变成了替补，也因此想要放弃打棒球了。长久以来，每当女儿想要放弃的时候，我也会这样询问她：

"你确定要一直就这样当板凳球员吗？"

"虽然我知道你现在练习的曲子很难，但是你确定这样就要放弃喜欢了那么久的钢琴吗？"

后来，在我采访那位考上开成中学的孩子时，他是这样跟我说的：

"当我听到父亲对我说'你确定要放弃棒球了吗？'的时候，我就下定决心棒球和学习这两者我都要努力。不管是棒球还是考试，一旦没做好我就会非常悔恨，所以我后来十分拼命。甚至上了初中以后还选择了继续打棒球。"

我女儿也是如此，经常会自己一个人想：到底自己为什么进不了首发阵容，到底为什么钢琴弹不好，有时想到伤心处甚至会流下悔恨的泪水。后来，女儿还把通过篮球和钢琴学到的这种不服输的精神运用到了学习中去。

因为对于女儿来说，没有什么比打篮球、弹钢琴和学习更重要了，所以后来她变得十分专注。

我深刻地感觉到，女儿从篮球上学到了与队友公平竞争的体育精神、从心底为首发队员加油的奉献精神；从钢琴上学到了"再提升点难度"这种勇于挑战的精神。

"在日本如今这样一个生育率低迷的社会里，父母往往容易溺爱孩子，结果就会培养出许多内心脆弱的孩子。然而，在这样一个环境中，如果父亲能够通过运动，让孩子体会到输掉比赛的悔恨、做不到某件事的遗憾，那结果就会大不一样了。"

这段话是前文介绍过的，历年都有许多考生考上京都大学或东京大学，关西圈有名的高门槛私立中学——西大和学园的校长，今村浩章先生对我说的。我觉得十分有道理，所以专门放在这里介绍给大家。

当然，我女儿中途也有无数次想过要放弃，每当那时，我都会对女儿说：

"这可是你自己说想学才开始学的，你现在真的就要这样放弃吗？"

女儿瞬间如同打了鸡血一般，被我的激将法刺激，又继续咬牙坚持下去。由此可见，"这样就要放弃了吗？"这句话毫无疑问是点燃孩子好胜心的导火索。

1.让孩子进行体育运动或者学一些课外项目，通过这些学习让孩子体验"我输了""没做到"的感觉；

2.孩子因为受挫想要放弃的时候,父亲再用激将法点燃孩子的好胜心。

如果想把自己的孩子培养成不轻言放弃、忍耐性强的孩子,那我推荐你一定要试试上面这两个步骤。

孩子是看着父亲的背影长大的

父亲给孩子做什么样的榜样，对孩子的成长至关重要。

想要把孩子培养成聪明的孩子，小学时代的纪律教育就别提有多重要了。

纪律教育里包括以"早睡早起早饭"为代表的正确的生活节奏、碰到人会打招呼等日常礼仪等。拥有良好纪律教育的孩子，定然会是个有耐心、坚韧不拔的孩子。反之，在这些方面吊儿郎当的孩子，不管以后干什么事，肯定也会半途而废，很轻易就放弃。

在这里，起到至关重要作用的，就是我之前提到的向孩子展示身为父亲的"形象"。

孩子总会不由自主地模仿自己的父母。父母身上一些习惯，不管是好还是坏，就算不刻意去教，也会在不经意之间出现在孩子身上。

那是因为孩子会悄悄观察家人，特别是身为一家之主的父亲，然后在天性的驱使下，就会去模仿父亲的言行举止。

我之前也提到过，医生的孩子往往想当医生的也特别多。

这就是长年累月下来,父母的一言一行对孩子产生的影响所致。

反观那些毫无梦想、自甘堕落的父亲,培养出来的孩子往往也会自甘堕落。孩子如果看到自己的父亲放假在家就只会无所事事,那自己自然也会变得不写作业或者磨磨蹭蹭,企图就这样度过这个慵懒的休息日。

"孩子是看着父亲的背影长大的"这句话十分正确。因此,父亲给孩子做什么样的榜样,对孩子的成长至关重要。

孩子就是"父亲的一面镜子",所以如果想让孩子变得优秀,那么父亲至少要从自身的生活习惯开始改变。

在对孩子说"快点起床"之前,孩子的父亲最起码要率先每天早上定点起床。

在教训孩子"招呼都不会打吗"之前,自己首先要每天大声对妻子说"早上好""我回来了"。

点菜时说"不许剩饭全部吃完"之前,父亲自己应该每天早上好好把早饭吃完。

就算一次两次孩子意识不到,那么从今天开始,只要身为父亲的你可以坚持下来,每天重复不断地向孩子展现这些好习惯,那么孩子总能学会的。

那些不让母亲叫就起不来床的孩子,渐渐地就会自觉起床;从早上开始就铁着个脸,一句招呼也不打的孩子,也会变得大声说"早上好",然后乖乖坐到餐桌上吃早饭。

出了家门之后也是如此。

"您请坐。"

在电车或者巴士中,父亲主动给年迈者让座的身影一定会刻在孩子的眼中。

"老师，请问您刚才说了什么？"

近来，不尊重自己孩子老师的父亲越来越多了。但我希望你一定不要怠慢老师，因为你对老师使用敬语的场景，孩子会一直看在眼里。

父亲如果能够在孩子面前表现出正确的礼仪，那么孩子就会有样学样，今后说话时脏话粗话也自然而然就会减少。

此外，如果你发现日常生活中有什么违反礼仪道德的事情，直接教育孩子就好了：

"你可不许在电车上大声喧哗，不许给其他乘客添麻烦。"

当孩子蔑称老师为"那家伙"或者"先公"（先公在日语里是不良学生对老师的蔑称，与中文意思不同——译者注），称朋友为"那个笨蛋"时，一定要严厉指责他（她）："你用的这个称呼不是什么好词，以后不许用了。"

需要注意的是，当孩子用脏话去说自己的老师或朋友时，一定不要忘了问问孩子：

"是不是发生了什么事情？你愿意跟爸爸说一说吗？"

以防其中另有隐情。

父子一起学谚语

> 我们不仅要帮助孩子改掉说脏话的习惯，而且应该教孩子一些具有代表性的谚语，让他们能够把此运用到日常的对话当中。

在大学执教以后，我发现了一件令我非常震惊的事情：如今的这些年轻一代，竟然不能正确地使用从古流传至今的谚语和俗语。

比如一听到"心急吃不了……"这种话，竟然不知道后面接的是"热豆腐"。

明明是"出头鸟"，但他们却能洋洋自得地回答"枪打出头岛"（此处的歇后语为形译，旨在把作者想要表达的意思转换成中国的谚语，易于读者理解——译者注）。

站在教师的角度，不管我为了学生们再怎么丰富我的教学内容，如果他们连这种常识性的东西都无法理解，那我可真的是有点"费力不讨好"了。

近年来，关于日本年轻人说话没礼貌的指责此起彼伏，因此，作为孩子的家长，我们不仅要帮助孩子改掉说脏话的习惯，而且应该教孩子一些具有代表性的谚语，让他们能够把此运用到日常的对话当中。

谚语中包含了许多来源于生活的智慧和训诫。

过去的数年里,中国在注重传统文化的倡导下,展开了一股孔子《论语》教育的热潮,我认为日本也应该效仿这种方法。毕竟比起父母弄巧成拙地教育孩子来说,以这些先贤们智慧的结晶来教育孩子,可以让孩子在思想品德方面有更好的提升。

比如,在教育孩子要善于忍耐的时候,可以使用"功夫不负有心人""一窍通,百窍通""水滴石穿(只要功夫深,铁杵磨成针)"等谚语,就算内容稍微有点难,也可以用自己的语言来为孩子一一说明。

其他还有很多,比如:

"淹死会水的,说的就是就算一个人对某件事很有信心,可一旦大意那就有可能会失败。所以做事情的时候一定要仔细再仔细。"

"见义不为,无勇也,意思是见到应该挺身而出的事情,却袖手旁观,就是怯懦。"

"转祸为福,意思是就算做错事了,也要以此为动力,为了下次获得好结果而努力奋斗。"

还可以试着往日常对话中穿插一些这样的谚语:

"车到山前必有路,船到桥头自然直。"

"不懂装懂,永世饭桶。"

"未捕狸子先算价(打如意算盘)。"

"真人不露相,露相不真人。"

"笑门开,幸福来。"

上面这些都是比较容易理解的谚语，父亲可以把这些当作人生训诫教给孩子。

此外，最近一些初中和高中的入学试题中，关于谚语的题目也越来越多了，因此，学习谚语在某种程度上也是一种考试对策，简直就是一举两得。

不过，需要注意的是，如果仅仅是让孩子翻开谚语字典去死记硬背，那孩子立马就会感到无聊，学习也无法持久。

因此，可以使用一些其他的方法，比如父子一起制作谚语卡片，或者每周决定一个主题，每个人往日历上写一个像"欲速则不达"这样的谚语也是一个很好的办法。如今这个时代，只要上网一查，随便就能查到几百条谚语，所以希望大家不妨一试。

四字成语也是一个道理，只要父子一同不懈努力，知识必会积少成多，正所谓"积土成山"。

告诉孩子要"慢慢来"

> 就算母亲或多或少会去唠叨孩子,父亲也要以一种宽松的态度与孩子接触。

"一个家如果家庭氛围很稳定,那么连养的狗都会性格温和。"

当时我家里想养一只玩具贵宾犬,于是跑遍了各大宠物店,就在我犹豫不决的时候,当时那家宠物店的店长就对我说了上面这句话。

反之,那些总是暴躁狂吠的狗,则代表它拒绝与主人沟通,即使会顺从地向主人摇尾乞怜,也只是因为内心对主人感到害怕而已。

虽然以狗来比喻孩子的行为十分不恰当,但是我认为,在某方面他们还是有一定的共同之处的。

"你还是孩子,只要好好听父母的话就好了。"

"你说你不想去英语会话教室了?我不可能同意的。"

"就你这种成绩,参加考试考其他的学校那不是浪费钱嘛,还是算了吧。"

这些话都像是一种恐吓。对孩子来说,除了会滋生他们内心的恐惧和叛逆以外，这些话没有任何作用。

现代社会日新月异，经常有人会说如今人们的时间已经从犬类时间进化成了兔类时间。

犬类的一生大概是人类的7倍速；而兔子的一生大概是人类的20倍速。因此，人们通过这种修饰来表示信息化时代的高速发展让人感觉眼花缭乱。如果不能适应这样的速度，日夜辛劳的父亲还是用自己的老一套去教育孩子的话，会很容易陷入急于求成的怪圈当中。

比如只要孩子成绩下降一点点，就立刻让孩子放弃课外学习；或者反复给孩子变更补课的机构等。当期中考试或者模拟考试迫在眉睫的时候，甚至还会给孩子请家庭教师补课，企图达到突击提升的效果。

有些人可能会觉得，这样做总比那些"完全不关心孩子教育"的父亲要强，但是我要说的是，无论是"把孩子的教育完全交给母亲，父亲自己放任不管"的父亲，还是过度干预孩子教育的父亲，都不是一位好父亲。

俗话说得好，龙生龙凤生凤，老鼠的儿子会打洞。在一个家里，如果父亲整天情绪不稳定，那孩子也多半会有些急躁不温和；如果父亲温文尔雅有耐心，那孩子肯定也会性格温和。

我采访过的那些孩子考上名校的家庭中，有各种性格的父亲，这是在接触了那么多父亲之后，我内心最真实的感触。

大儿子考上荣光学园中学、庆应义塾普通部的父亲

"我们家是一种无拘无束的家庭氛围。我甚至从没有对孩子说过'你要加油'这类的话。因为让孩子参加入学考试

这个想法是我提出来的，所以我一直很注重对孩子的支持，'你要是觉得有什么困难要随时跟我说。你要是觉得自己能行，那就按照自己的节奏去学。'比起强迫孩子去学习，我认为在一旁默默地支持孩子更能锻炼孩子独立自主的性格。"

二儿子考上早稻田中学、立教新座中学的父亲

"如果孩子从小就不断地被家长强迫要学习、学习，那也太可怜了。让孩子接受入学考试这件事对孩子来说就已经是很大的负担了，如果我再给孩子施加压力可能会让孩子承受不了。所以，我就刻意地在孩子面前表现得很淡定。可能就是因为这一点，我家孩子后来的备考十分顺利，从未陷入低谷。"

像在这种家庭氛围轻松和谐的家庭中长大的孩子，往往有很大的概率心胸都比较开阔。与人对话的时候表情也很开朗。而且，基本上也能够顺利度过从小学四年级就开始的备考生活，最终在正式考试中一鸣惊人。

"虽然会让孩子参加入学考试，但绝不会逼迫孩子。"

"就算母亲或多或少会去唠叨孩子，父亲也要以一种宽松的态度与孩子接触。"

我认为他们成功的秘诀就在于成功遵守了这种默认的规矩和角色分担。

虽说不至于到"过满则溢，过刚则折"的地步，但在一些学习、生活方面，如果连父亲都严厉苛责孩子，那孩子将无处可逃、无所遁形。

2007年，Unicef Innocenti 研究所（国际联合儿童基金会）以全世界21个先进国家的15岁孩子为对象，进行了一项调查，调查结果表明，日本孩子的孤独感是所有国家当中最强的。

几乎所有欧美国家的孩子，回答"感到孤独"的比例都在个位数，而日本孩子的比例竟然高达30%左右。

从这一点来看，不仅是所有的母亲、父亲应该避免过于严厉苛责孩子，尤其是父亲，我认为平时应该多对孩子说一些"慢慢来""不要着急"这样的话来给予孩子足够的支持和鼓励。

后记

如今这个时代的孩子们,生活在一个被电视、电脑、手机和游戏机等智能工具所包围的世界里。

如果孩子适应了生活在这样一个世界里,那么孩子将会渐渐变得不再愿意与人沟通,而是全身心地沉浸于"自己"的世界里。

"人类自古以来都多亏了团体生活才能幸存至今。如果人类把自己置身于组织之外,那将会不可避免地走向灭亡。从这种角度来看,我认为因为那些智能工具的原因,沉浸于'自己'世界中的年轻一代已然成为濒危物种。"

因出演 TBS 系列电视剧《3 年 B 组金八先生》而出名的武田铁矢用这番话,为当今人们敲响了警钟。我则认为,让孩子沉浸于"自己"世界的,绝不仅是那些工具的原因。

自从首都圈和关西圈导入"减负教育"之后,日本掀起了空前的中学考试热潮。和伙伴一起玩耍的孩子越来越少,去私校补课的孩子越来越多。

然而,就算在私校可以锻炼孩子的"看得见的学习能力",那些生存所必需的"无形的学习能力"却很难被培养。

此外,越往都市走,"近邻"的概念就越稀薄。随着社区之间的联系变得越来越少,孩子心中也很难产生那种自己是社会的一员的感觉,仿佛社会怎么变化都与自己无关。

再往深层次挖掘,可以发现隐患存在于大学和企业当中。日本目前的现状是,许多大学都已然化身为就职预备校,企业也因为人手不足的原因,放弃了对职员的思想品德教育。长此以往,想要把孩子培养成一个全面发展的人,就只能依靠家庭教育了。

"要让孩子可以从亲子对话中学到各种各样的东西。其中,与对外面的世界知之甚多的父亲的对话更是重中之重。"

这个观点,是本书之前为大家介绍过的开成学园的理事长加藤丈夫先生和立命馆小学的阴山英男老师提出来的。我觉得这句话十分有道理,所以后来才写下了这本书。

父亲的一言一行,对于潜力无限的孩子来说宛若一个指明方向的风向标、一座引导航向的灯塔指引着孩子。

如果能够创建一个让孩子畅所欲言的家庭文化,建立良好的父子信赖关系,那么孩子就能凭借这些父亲平时对自己说过的话,让自己在人生的地图上不再迷失方向,勇敢前行。所以,我希望大家在日常生活中,也要不断地通过与孩子之间的交流,把孩子培养得更加聪明、优秀。